Felizitas Muntanjohl & Michael Heymel

Du stellst meine Füße auf weiten Raum

Psalmworte für schöne und schwere Tage

Gütersloher Verlagshaus

Inhalt

Vorwort

Die Psalmen bilden ein ganz besonderes Buch innerhalb der Bibel. Der Psalter ist das poetischste der biblischen Bücher. Er versammelt Lieder und Gebete aus verschiedensten Zeiten und Gelegenheiten, den unterschiedlichsten Situationen des Lebens und Glaubens des Einzelnen und der Gemeinschaft.

Diese Vielfalt ermöglicht es, dass wir immer wieder einem Psalmwort begegnen können, als sei es gerade für uns, ja, gerade uns aus dem Herzen geschrieben: So empfinden wir, wir hätten es nur nicht so ausdrücken können.

Das macht das Lesen, das Sprechen und das Singen der Psalmworte so reizvoll: Es sind Worte, die aus der Tiefe kommen und die uns auch in der Tiefe berühren.
Man kann sie meditieren, man kann sie laut sprechen, man kann sie allein oder gemeinsam singen, man kann sie beten; man kann sie im Klang alter gregorianischer Gesänge als Stundengebet hören oder in Vertonungen großer Komponisten; jedes Mal erklingen sie anders.

Wir möchten mit unserem Buch dazu einladen, den Psalmen als Worten aus der Erfahrung des Glaubens zu begegnen und sie in Freuden und Schwierigkeiten zu Lebensbegleitern werden zu lassen. Schon der Kirchenvater Ambrosius (ca. 339–397) lobt die Psalmen wegen ihrer wohltuenden Wirkungen: Der Psalm »besänftigt den Zorn, er befreit von der Sorge, er lindert die Betrübnis; er ist Waffe zur Nachtzeit, Führer bei Tage; dem Furchtsamen eine Schutzwehr, dem Heiligen ein Fest; ein Bild der Ruhe, ein Unterpfand des Friedens und der Eintracht«.

Wir haben die Psalmen in 14 Rubriken eingeordnet, damit man bei Bedarf zu der jeweiligen Lebenssituation oder Gestimmtheit schnell etwas Passendes finden kann.
Darunter stehen entweder einzelne Psalmverse oder auch ein ganzer Psalm, weil er in seiner Poesie nicht zerrissen werden sollte. Zu jedem Psalm oder Psalmwort gibt es eine kleine Meditation von ein bis drei Seiten; vorangestellt ist jeweils ein passendes Foto; und am Schluss des Buches finden sich zu jeder Rubrik Hinweise auf empfehlenswerte Vertonungen in diesem Bereich.

Das Buch ist vor allem für den persönlichen Gebrauch gedacht. Man kann nur in den bunt gedruckten Psalmworten blättern; man kann die Fotos betrachten und seinen eigenen Assoziationen nachgehen; man kann Psalmwort und Foto zu verknüpfen suchen; man kann die Meditation lesen und als Gedankenanstoß mitnehmen; man kann nach Musik suchen, die einem guttun könnte. Jeder kann selbst herausfinden, wie er mit den Anregungen unseres Buches umgehen möchte.

Es ist auch möglich, diese kleinen Andachten vorzulesen, sei es bei Besuchen, am Krankenbett oder auch in Gemeindekreisen. Das Buch könnte auch ein Mitbringsel sein für Menschen, die sich etwas wünschen für eine regelmäßige Besinnung, oder für solche, die sich vorsichtig dem Glauben wieder nähern möchten, nicht von der Lehre aus, sondern von der Poesie des Glaubens her.

Wir wünschen Freude an diesem Buch – und neue Freude an den kleinen Kostbarkeiten der Psalmen.

Felizitas Muntanjohl und Michael Heymel

Die Schönheit genießen

Habe deine Lust am Herrn

(Psalm 37)

Habe deine Lust am Herrn; der wird dir geben,
was dein Herz wünscht.
Sei stille dem Herrn und warte auf ihn.

Psalm 37,4+7a

Lust haben – passt das zum Glauben? Ist nicht »Lust haben« viel zu diesseitig, viel zu selbstbezogen, viel zu wenig geistlich?

Aber wer sagt denn, dass Gott keine Lust hätte?

Wenn man sich die Farbenpracht der Blumen anschaut, die Formenvielfalt der Pflanzen, ja sogar das phantastische Aussehen der Käfer und Reptilien, der Fische und Vögel ... Da muss der Schöpfer sehr wohl Lust gehabt haben an deren Entwicklung und wohl auch eine kräftige Portion Humor.

Lust ist nicht schlecht, im Gegenteil. Lust weckt Kreativität, schafft Energie, Lust wirkt ansteckend. Wer mit Lust seine Arbeit tut, der wird sie höchstwahrscheinlich auch gut machen, weil er sie gerne tut, nicht so schnell müde wird und weil er Ziele vor Augen hat, die er gerne erreichen möchte.

Wer mit Lust lebt, der lebt nicht nur für sich. Der teilt mit, was er Schönes sieht; der steckt an mit seiner Freude, der öffnet anderen die Augen für die Schönheit und den Reichtum des Lebens.

Wer »nur nach Lust und Laune« lebt, der lebt nicht wirklich freudig, sondern ist abhängig von seinen Launen. Das ist weder wohltuend noch lebensfördernd. Das ist für denjenigen selbst und für seine Umgebung so inspirierend wie ein nasser Sack. Wer Lust nur begreift als eine Begierde, die möglichst schnell erfüllt werden soll, der bleibt auch in der Befriedigung gehetzt und unzufrieden. Nach der Erschlaffung baut sich die nächste Sucht nach Lust wieder auf und macht schon wieder unruhig und nervös.

Die wirklich lebensbejahende Lust ist mit Freude, mit Staunen und mit Gelassenheit verbunden. Es ist eine Lust, die die

Schönheit des Lebens wahrnimmt und genießt. Sie nimmt das Geschenk des Lebens an, ohne über es verfügen zu wollen. Sie nimmt das Geschenk der Liebe eines Partners an, ohne ihn besitzen zu müssen. Sie lauscht der Musik, ohne sich damit zuzudröhnen.

Die wohltuende Lust stimmt in die Lust Gottes an seiner Schöpfung ein. Sie nimmt den Reichtum der Schöpfung wahr, ohne sie ausbeuten zu wollen. So vieles ist uns schon gegeben, was das Herz wünscht, bevor wir es begreifen. Die wirkliche Lust ist eine dankbare Hinwendung zu Gott, der uns so wohltut.

Manchmal haben wir das Gefühl, uns wird vom Leben versagt, was das Herz sich wünscht. Vielleicht haben wir dann einen falschen Weg eingeschlagen: sei es ein Weg, der uns die Lust am Leben genommen hat, weil Pflicht oder Vernunft oder Kleinmut uns von unserem eigenen Weg fortgetrieben haben; oder sei es, dass wir Lustgefühlen nachgingen, die gar nicht wirklich aus der Lust am Leben entsprangen, sondern aus der Flucht vor Verantwortung, vor Engagement und dem Wunsch nach Macht und Gewinn. Eine Lust ohne Dankbarkeit wird laut und gewaltsam.

Im Stillesein und Warten auf Gottes Wunscherfüllung findet das Herz, was es wirklich wünscht. Eventuell heißt das dann auch: einen neuen Weg einschlagen, um die Lust am Leben wiederzufinden.

Felizitas Muntanjohl

Vor dir ist Freude die Fülle

(Psalm 16)

Du tust mir kund den Weg zum Leben:
Vor dir ist Freude die Fülle
und Wonne zu deiner Rechten.

Psalm 16,11

Geht man heutzutage in einen Buchladen, so gibt es unweigerlich ein Regal mit Büchern zur Lebenshilfe. Meist gibt es dann Ratgeber gegen Stress, zum Abnehmen, gegen Depressionen und für mehr Selbstbewusstsein. Zweifellos kann das in manchen Situationen durchaus hilfreich sein: Man merkt, man ist nicht allein mit seinem Problem, und manchmal gibt es auch ganz gute Tipps. Für viele Situationen aber gibt es gar kein Buch, weil das Problem gerade nicht in Mode ist. Und große Entscheidungen des Lebens kann einem auch ein Buch nicht abnehmen.

Waren Menschen in früheren Zeiten krank oder in Schwierigkeiten, dann gab es gar kein Buch, oft auch keinen Arzt und keine Diagnose. Die Priester zur alttestamentlichen Zeit konnten gerade mal gefährliche Krankheiten wie Lepra erkennen, aber zum Heilen gab es nicht viel mehr als Waschungen und Gebet.

Der Beter dieses Psalms bittet um Gottes Hilfe zur Heilung. Aber es ist erstaunlich wenig Bange darin, sondern der Haupttenor dieses Liedes ist: »Behüte mich, Gott, denn ich vertraue dir … Du bist mein Herr; mein ganzes Glück bist du allein.« (Vers 1+2) Es ist ein solch großes Vertrauen dahinter wie bei dem Kind, das sich in die Arme seines beruhigenden Vaters hineinschmiegt: Dann muss einfach alles gut werden!

Wir haben heute, weil wir im medizinischen Bereich klüger geworden sind, das Wissen von den inneren Zusammenhängen verloren und entdecken es erst langsam wieder. Früher hörten die Menschen stärker auf die innere Sprache des Körpers: Die Nierenschmerzen in der Nacht wiesen auf einen falschen Weg hin; das Herz warnte, wenn man es überging; der Atem wurde schwer, wenn Schuld drückte.

»Du tust mir kund den Weg zum Leben.« Das heißt, in der Verbindung mit dem Leben schenkenden Gott erkenne ich, wo es für mich langgeht. Er weist mich auf Irrwege, auf Fehlentscheidungen hin. Er möchte mein Leben voller Wonne machen – und darum können auch manchmal schmerzvolle Zeiten wichtige Hinweise sein.

Auf Gottes liebende Begleitung zu vertrauen ist mehr als ein Trostpflaster: Es ist Grundlage eines gelingenden Lebens. »Du bist mein ganzes Glück!« ist eine Liebeserklärung an den Gott, der mein Leben reich und froh macht auch in schwierigen Zeiten. Es ist das unerschütterliche Vertrauen, dass nichts mich aus seiner Hand reißen kann, auch nicht meine Krankheit, auch nicht meine Schuld.

»Freude in Fülle!« Das ist nicht nur mein Wunsch an das Leben, sondern auch Gottes Wunsch für mich. Er will mich damit immer wieder beschenken. Das Blumenmeer ist ein Bild für solche Fülle an Freude. Der Anblick kann dies bei uns auslösen. Vielleicht aber haben wir vor lauter machbaren Freuden, die wir gelernt haben zu wollen und zu erreichen, den Blick für die Fülle an Freude verloren, die uns zu Füßen liegt.

Manchmal dient Krankheit, manchmal dienen Krisen dazu, unseren Blick zu verändern: dass wir neu sehen lernen, welche Wonnen Gott uns bereithält, wenn wir sie nur wahrnehmen.
Wir lernen wieder zu entdecken, wie unser ganzes Glück weder in der Hand eines Arztes liegt – er kann nur dazu verhelfen – noch in der Hand eines uns wichtigen Menschen – er ist ein Geschenk Gottes an uns –, sondern in der von klein auf uns zugewandten Liebe Gottes, der unser Leben auf immer neue, immer wieder andere Weise voll Freude und Wonne sein lässt. Er zeigt uns den Weg zum erfüllten Leben. Wir müssen nur bereit sein, ihm zu vertrauen und seine Hinweise ernst zu nehmen.

Felizitas Muntanjohl

Aller Augen warten auf dich

(Psalm 145)

ALLER AUGEN WARTEN AUF DICH
UND DU GIBST IHNEN IHRE SPEISE ZUR RECHTEN ZEIT.

Psalm 145,15–16

Auf das Essen warten fällt schwer: wenn der Kuchen schon duftet, die Kalten Platten belegt sind, der Tisch schon schön gedeckt ist.

Auf das Essen warten fällt erst recht schwer, wenn der Magen schon knurrt und er sich nach innen zusammenzuziehen scheint. Noch furchtbarer muss der Hunger sein, der das Leben bedroht, der Angst macht und schließlich unendlich trostlos und müde. Zum Glück kennt bei uns kaum noch jemand dieses Gefühl. Wir haben zu essen, oft genug und reichlich genug. Es schmeckt uns nur nicht alles.

»Aller Augen warten auf dich.« In diesen Worten steckt noch das Wissen um die große Gabe der Nahrung. Es ist eben nicht selbstverständlich. Manche können nichts kaufen, nichts ernten. Manche müssen betteln, manche haben sogar dazu keine Möglichkeit.

In dem ruhigen, volltönenden vierstimmigen Satz zum Psalmvers »Aller Augen warten auf dich, Herre« von Heinrich Schütz (Evangelisches Gesangbuch Nr. 461) klingt die Dankbarkeit auf für die großen Gaben Gottes, die uns Leben ermöglichen. In dem Ebenmaß der Abschnitte schwingt auch das Einstimmen auf die weise Ordnung; in der dem Sprechen angeglichenen Melodiebewegung steckt die Nähe zum gesprochenen Tischgebet. Und die vom Tonmaß angestoßenen Betonungen regen dazu an, dass man am Ende dieses herrlichen Satzes aus vollem Herzen »Amen« sagen kann.

Wie gut, wenn wir bemerken, wie wertvoll Gottes wohltuende Gaben zur rechten Zeit sind.

Felizitas Muntanjohl

Die Himmel erzählen die Ehre Gottes

(Psalm 19)

Die Himmel erzählen die Ehre Gottes
und die Feste verkündigt seiner Hände Werk.
Ein Tag sagt's dem andern und eine Nacht tut's
kund der andern, ohne Sprache und Worte;
unhörbar ist ihre Stimme.
Ihr Schall geht aus in alle Lande
und ihr Reden bis an die Enden der Welt.
Er hat der Sonne ein Zelt am Himmel gemacht;
sie geht heraus wie ein Bräutigam
aus seiner Kammer
und freut sich wie ein Held, zu laufen ihre Bahn.
Sie geht auf an einem Ende des Himmels
und läuft um bis wieder an sein Ende,
und nichts bleibt vor ihrer Glut verborgen.

Psalm 19,2–7

Es ist ein großartiger Eindruck, am frühen Morgen hinauszugehen und mitzuerleben, wie die Sonne aufgeht. Noch hängen Nebel und Feuchtigkeit der Nacht in der Luft und in den Zweigen der Bäume. Auf den Grashalmen ist ein Perlenmeer an glitzernden Tautropfen ausgebreitet, das Licht ist milchig weiß mit einem Hauch von Gelb. Von Minute zu Minute ändert sich der Anblick: Der Nebel zieht hinauf, die Luft und die Sicht wird klarer, die Sonnenstrahlen werden auf der Haut spürbar, die Blumen entfalten ihre Blütenblätter und Farben vollständig, je mehr die Feuchtigkeit fortgesogen wird. Der Tag beginnt wie neu geboren, alles erscheint möglich im jungen Licht des Morgens.

Himmel und Erde erzählen von Gottes Herrlichkeit und seinem wunderbaren Schöpfungswerk. Jeder Morgen ist eine kleine Neuschöpfung, jeder Frühling ein Neubeginn. Wer Augen hat für die Schönheit der Natur, der kann auch ein Ohr haben für die Sprache, die aus ihr spricht, ohne Worte und Stimme zwar, aber doch so deutlich, dass ihr Schall bis an die Enden der Welt reicht: Überall, in den Bergen und auf dem Meer, in der Mittelgebirgslandschaft und in der Wüste, ja sogar von dem Mond aus ist diese Sprache ohne Worte wahrzunehmen: Was für ein großer Gott, der dies geschaffen hat! Was für eine Freude, auf so einer schönen Erde leben zu können!

Verlässlich ist der Lauf der Sonne am Himmel. Wir richten unsere Häuser und Kirchen danach aus; wir wissen, ob die Sonne auf den Frühstückstisch scheint oder in den abendbeschienenen Garten. Wir wissen, dass Tag und Nacht einander die Hand reichen und unser Leben lang in dieses Ineinander eingeordnet sind.

Es ist gut, dies zu wissen. Aber das Erleben ist noch mehr: Es ist eine immer neue Freude, wenn die Sonne uns am Morgen begrüßt, wenn der Mond seine Form verwandelt, wenn das Licht in diesen 24 Stunden immer wieder anders erscheint.

»Die Himmel erzählen die Ehre Gottes und die Erde verkündigt seiner Hände Werk.«
Verstehen wir die Sprache von Himmel und Erde? Stimmen wir ein in ihr Gotteslob? Werden wir selber Geschöpfe, die von Gottes Lebenslust Zeugnis geben? Weisen wir mit unserem Dasein hin auf Gottes Größe? Manche dünken sich so klug, dass sie meinen, von Gott nicht reden zu können. Ob Himmel und Erde dann nicht klüger sind als sie? Selbst ohne Worte loben sie Gott.

Felizitas Muntanjohl

Vor Freude und Dank überfließen

Der Herr ist mein Hirte

(Psalm 23)

Der Herr ist mein Hirte, mir wird nichts mangeln.
Er weidet mich auf einer grünen Aue
und führet mich zum frischen Wasser.
Er erquicket meine Seele.
Er führet mich auf rechter Strasse um seines Namens willen.
Und ob ich schon wanderte im finstern Tal,
fürchte ich kein Unglück;
denn du bist bei mir,
dein Stecken und Stab trösten mich.
Du bereitest vor mir einen Tisch im Angesicht meiner Feinde.
Du salbest mein Haupt mit Öl und schenkest mir voll ein.
Gutes und Barmherzigkeit werden mir folgen
mein Leben lang,
und ich werde bleiben im Hause des Herrn immerdar.
Psalm 23

Vielen ist dieser Psalm vertraut, weil sie ihn als Konfirmanden auswendig gelernt haben. Ein wunderbares Lied, das Trost und Kraft vermittelt, weil es durchgängig vom Bild Gottes als dem guten Hirten bestimmt ist.

Der 23. Psalm beschreibt ein persönliches Vertrauensverhältnis zu jenem Gott, der uns nach christlicher Deutung in Jesus Christus sein menschliches Angesicht gezeigt hat. Für uns Christen verbindet sich das Bild des guten Hirten daher unwillkürlich mit Jesus. Ich möchte jedoch daran festhalten, dass hier der Gott Israels angeredet wird, den die Psalmen als den Gnädigen und Barmherzigen ansprechen (vgl. Psalm 103,8ff) und den auch Jesus so angesprochen hat. Nach altkirchlicher Tradition ist es die Stimme des betenden Jesus, die wir in den Psalmen hören. Ich bete also mit ihm diesen Psalm Davids und verbinde mich mit ihm in der Anrede des guten Hirten.

Der Psalm ist eigentlich ein reines Vertrauensgebet. Der Beter bittet um nichts, er spricht nur davon, wer Gott für ihn ist und was er für ihn tut.

Zuerst erzählt er: Der Herr ist mein Hirte, mir wird nichts mangeln. Er weidet mich ... Er erquicket meine Seele ... Er führet mich ... Dann wechselt der Psalmbeter auf einmal in die direkte Anrede: Denn du bist bei mir, dein Stecken und Stab trösten mich. Du bereitest ... Du salbest ... und schenkest.

Der ganze Psalm beschreibt nur, wie Gott einem Menschen immer wieder gibt, was Leib und Seele zum Leben brauchen. Er beschreibt, wie ein Mensch geführt, gestärkt und behütet wird, gerade auch dort, wo der Weg eng und finster ist. Der ganze Psalm weckt Vertrauen, weil er um vier Worte kreist, die seine Herzworte sind und genau in der Mitte stehen: Du bist bei mir.

Und das ist auch der stärkste Trost, den Sie, liebe Leserin und lieber Leser, finden können. Der 23. Psalm ist ein Vertrauensgebet, in dem jeder Einzelne von dem guten Hirten erfährt und zu ihm sprechen kann: Du bist bei mir.

Der Psalm nährt das Vertrauen, dass Gott nichts anderes tut und tun will, als mich zu neuen Lebensquellen zu führen, wo ich erquickt und gestärkt werde. Gott will mir Leben in Fülle schenken. Der Herr ist mein Hirte, mir wird nichts mangeln.

Die Stimme des Beters, die wir hören, wenn wir diesen Psalm beten, gibt uns zu verstehen: Bei diesem Gott bist du gut aufgehoben. Er führt dich sogar durch das drückende Dunkel der Todesschatten und Todesnächte, wo du einen Begleiter brauchst, der Überfälle und Unfälle von dir abwehrt. Der Psalm malt uns keine Idylle vor Augen, sondern zeichnet ein realistisches Bild des Lebens, zu dem auch finstere Täler und Widrigkeiten gehören. Und zugleich verspricht die Stimme des Beters: Gott geht auch dorthin mit dir. Er versorgt dich, ohne dass deine Widersacher etwas dagegen tun können, mit der Fülle seiner Gaben. Er verfolgt dich gleichsam jeden Tag mit Güte und Erbarmen. Und bei ihm findest du dein wahres Zuhause.

Es hat gute Gründe, weshalb Juden und Christen diesen Psalm so gern bei Beerdigungen sprechen. Das Vertrauen in den guten Hirten, das hier geweckt wird, trägt auf allen Wegen des Lebens – auch angesichts des Todes und über den Tod hinaus. Aber täuschen wir uns nicht: das kann nur erfahren, wer zuvor mit diesem Psalm lebt und ihn wieder und wieder betet, um immer tiefer in das Vertrauensverhältnis hineinzukommen, das aus seiner Mitte wächst: Du bist bei mir.

Michael Heymel

Mein Licht und mein Heil

(Psalm 27)

DER HERR IST MEIN LICHT UND MEIN HEIL;
VOR WEM SOLLTE ICH MICH FÜRCHTEN?
DER HERR IST MEINES LEBENS KRAFT;
VOR WEM SOLLTE MIR GRAUEN?

Psalm 27,1

Was für ein frohgemutes Vertrauen spricht aus diesen Worten! Als wäre es das Selbstverständlichste von der Welt, dass ich mich nicht zu fürchten brauche und mir niemand etwas antun kann. Und dabei steht doch jeden Tag in der Zeitung von Überfällen und Einbrüchen, von Unfällen und Betrügereien. Manche Leute sind überzeugt, dass die Erschaffung der Menschen wohl ein Missgriff war, sie bringen nichts als Unheil über die Erde.

Den Eindruck hatte Gott offenbar auch schon recht bald: »Der Mensch ist böse von Jugend auf«, stellt er frustriert fest und schickt die Sintflut, die außer der Noah-Sippe und jeweils einem Tierpaar alles überflutet. Am Ende lässt er das Leben neu sprossen und verspricht, dass er nie mehr solch eine verheerende Katastrophe schicken wird. Und er begründet es mit demselben Satz. Man kann also aus dem Bösen in der Welt beides folgern: Es ist ja doch nichts Gutes zu erwarten. Oder: Die Menschen sind so – aber es gibt auch Einzelne, die am Guten festhalten, dafür will ich auch leben; ich vertraue, dass Gott an seiner Idee der guten Schöpfung festhält.

Was sehe ich, wenn ich das Bild der Seebrücke anschaue? Sehe ich die zunehmende Dunkelheit, das Ende der Brücke im tiefen Meer, die Einsamkeit des Weges? Oder sehe ich das schöne Holz über dem Wasser, die Lichter, die Anlegestelle für das Schiff, das morgen kommen wird? Beides stimmt. Meine Antwort sagt weniger etwas über die Wirklichkeit aus – oder jedenfalls nur einen Teil davon – als vielmehr über meinen Blick auf die Welt und das Leben.

Was glaube ich, wenn ich mein Leben anschaue? Glaube ich, dass das Leben gefährlich ist und mit dem Tod endet, dass ich letztlich alleine bin und dass es viele Gründe zum Fürchten gibt? Oder glaube ich, dass Gott mein Licht ist und mir Kraft geben wird, dass seine Liebe mich schon viele Jahre getragen und bewahrt hat und ich ihm vertrauen kann, dass er es gut meint? Beides stimmt. Meine Antwort sagt etwas darüber aus, wo ich das Gewicht meines Denkens, meines Wahrnehmens und meiner Energie hinlege.

Wenn ich zu sagen wage: »Der Herr ist mein Licht und mein Heil; vor wem sollte ich mich fürchten?«, dann werde ich dieses auch als Grundlage meines Lebens und Glaubens erfahren können. Dann werde ich mich weniger fürchten und das Tröstliche und Wohltuende entdecken. Dann werde ich Kraft bekommen – und auch eine Gelassenheit, die die Nachrichten der Welt relativiert. Stand etwas von dem Lächeln meines Kindes in der Zeitung? Von der Dankbarkeit der Nachbarin für die Blumen? Von dem hilfreichen jungen Mann, der die Tür aufhielt, dem Autofahrer, der mir Vortritt ließ, dem Freund, der mir seine Hilfe anbot? Nichts davon schreibt die Zeitung. Weil sie sich so schauerlich-schön an den Bosheiten ergötzt. Und wir Leser mit. Aber wir verderben unsere Wahrnehmung damit. Wir rauben uns unsere Energie und Hoffnung damit.

Mit welchen Menschen umgeben wir uns? Welche »Wahrheiten« sammeln wir in unserem Gedächtnis? Welche Glaubenssätze beten wir uns täglich vor? Wem glauben und vertrauen wir? Es gibt den schlauen Satz: »Man ist, was man isst.« Das stimmt wohl. Man ist aber auch, was man denkt, was man wahrnimmt und was man glaubt. Ich will es vom wohlgemuten Beter lernen.

Felizitas Muntanjohl

Du hast mir meine Klage verwandelt in einen Reigen

(Psalm 30)

Du hast mir meine Klage verwandelt
in einen Reigen,
du hast mir den Sack der Trauer ausgezogen
und mich mit Freude gegürtet,
dass ich dir lobsinge und nicht stille werde.
Herr, mein Gott, ich will dir danken in Ewigkeit.

Psalm 30,12–13

Wiedererwacht zum Leben: nach schwerer Krankheit, nach langer Trauer, nach einer alles verändernden Krise.

Noch sitzt die Erinnerung der Schwermut im Herzen, noch der Schmerz in den Knochen, noch der Schrecken in den Gliedern. Und doch ist es plötzlich wieder möglich, die Farben der Blumen zu sehen, die Sonnenstrahlen auf der Haut nicht als Unverschämtheit zu empfinden und das Lachen der anderen Menschen als Ignoranz.

Endlich ist der dunkle Sack um mich abgefallen und ich kann mich wieder freuen: an einem Geschenk, einem Lächeln, einer Biene in der Blumenwiese.

Leben wird wieder möglich. Es ist wie der Geschmack eines Brotes nach der Fastenzeit, ein Gang ins Freie nach langer Bettlägerigkeit: So also ist Leben! So schön!

Könnte man sich dieses Staunen über das neu gefundene Leben bewahren! Würde man sich selbst immer wieder erzählen können, wie wunderbar diese Neuentdeckung war. Würde man nicht mehr stille werden, Gott zu loben für das Geschenk des neuen Lebens. Würde man die Freude nicht mehr aufhören zu kosten und zu genießen. Das wäre schon der Anfang der Ewigkeit in meinem Staunen und meinem Dank.

Felizitas Muntanjohl

Du stellst meine Füße auf weiten Raum

(Psalm 31)

Ich freue mich und bin fröhlich über deine Güte,
dass du mein Elend ansiehst
und nimmst dich meiner an in Not
und übergibst mich nicht in die Hände des Feindes;
du stellst meine Füße auf weiten Raum.

Psalm 31,8–9

Nach einem Tag im Büro – hinausgehen und frische Luft atmen. Nach Tagen mit Kopfschmerzen und Fieber – wieder aufstehen und sich bewegen können. Nach Wochen nicht enden wollender Schmerzen – die erste Stunde ohne Schmerz: Endlich! Endlich wieder Leben spüren, endlich erlöst sein. Da strömt die Freude in mich hinein und ich quelle über von Fröhlichkeit.

Solche erlöste Freude kann im Urlaub kommen, wenn wir das Meer sehen und riechen oder die hohen Berge bestaunen oder die schönste Stadt der Welt wieder betreten. Wunderbar, wenn uns das vergönnt ist.

Ob wir dann Gottes Güte preisen? Die Gnade der Gesundheit, die Gabe des Sonntags, die Weisheit des Schöpfers? Wenn wir auch dies wahrnehmen, dann haben wir umso mehr gewonnen: einen Blick über den Moment hinaus.

Und dann haben wir auch die Chance, so weit zu kommen wie der Beter des Psalms. Er macht diesen Freudenruf nicht im Urlaub und nicht nach der Gesundung, sondern mitten in der Krankheit und der Bedrängnis durch feindliche Menschen. Mitten in der Not fängt er an, Gott zu loben, weil er darauf vertraut: Gott wird helfen. Er wird meine Füße auf weiten Raum stellen. Schon jetzt beginnt meine Erlösung, weil ich weiß, dass Gott mir helfen wird. Schon jetzt stehen meine Füße auf Gottes weitem Raum.

Felizitas Muntanjohl

Singt Gott zum Lob!

(Psalm 47)

Lobsinget, lobsinget Gott,
lobsinget, lobsinget unserem König!
Denn Gott ist König über die ganze Erde;
lobsinget ihm mit Psalmen!

Psalm 47,7–8

Ein Deckenhimmel voller Blumen und musizierender Engel: Harfe und Horn, Laute und Gambe, munter schweben sie an der Kirchendecke in zarten, hellen Farben. Welche Freude an der Musik muss in dieser Kirche geklungen haben. Wie war der Künstler bewegt von dem klingenden Gotteslob!
Hell und fröhlich stellt sich hier der Glaube dar. Nicht die Märtyrer prägen hier den Gottesdienstraum, sondern die Freude am himmlischen König. Die Gottesdienstteilnehmer sehen, wenn sie ihren Blick erheben, nicht das Jüngste Gericht, sondern das blühende Leben und die himmlische Freude.

Ich frage mich, wann ich mal einen Gottesdienst in solch heller Freude erlebt habe. Ich denke daran, dass ich mir manchmal ziemlich exotisch vorkomme, wenn ich so lauthals froh singe, während die anderen so vorsichtig brummeln.

Und mir fällt ein, wie manches Mal ein froher Ausruf mich verwundert: Wie schön, dass Sie singen! – Weil ich gar nicht merkte, dass ich mitten im alltäglichen Tun unwillkürlich heiter sang.

Ist Glaube eine ernste Sache? Schon auch. Aber der erste Glaubenssatz im Christentum ist doch der Freudenruf: Christus ist auferstanden! Grund genug zum fröhlichen Singen!

Felizitas Muntanjohl

Vergiss nicht, was er dir Gutes getan hat

(Psalm 103)

Lobe den Herrn, meine Seele,
und was in mir ist, seinen heiligen Namen!
Lobe den Herrn, meine Seele,
und vergiss nicht, was er dir Gutes getan hat.

Psalm 103,1–2

Ist es nicht eigenartig, dass uns negative Worte und Ereignisse eher im Gedächtnis bleiben als positive? Wir erinnern uns unwillkürlich leichter an das Schlechte als an das Gute, das uns widerfahren ist. Was verletzt und wehgetan hat, prägt sich anscheinend nachhaltig von selbst ein. Das mag natürlich erscheinen, tut uns aber nicht gut. Denn auf diese Weise lassen wir zu, dass das, was uns wohlgetan hat, im Lauf der Zeit zunehmend an Wichtigkeit verliert. Wir lassen uns nach unten ziehen, weil der Eindruck entsteht, das Schlechte würde in unserem Leben überwiegen.

Aber dieser Eindruck trügt! In Wirklichkeit überwiegt das Gute. Nur sieht man das erst, wenn man die guten Erfahrungen wichtig nimmt: eine beglückende Begegnung oder eine Reise nach Venedig zum Beispiel. Und dazu ist es nötig, dass wir sie uns bewusst einprägen und sorgsam im Gedächtnis aufbewahren. Wenn wir selber nichts dazu tun, geraten sie in Vergessenheit – und das beeinträchtigt vor allem uns selbst.

Der Psalmdichter muss ein guter Psychologe gewesen sein. Denn er kennt die »natürliche« Neigung zum Pessimismus offenbar gut und weiß ihr mit einer verblüffend erfolgreichen geistlichen Therapie zu begegnen. Sein Mittel ist ein großes Lobgebet. Loben zieht nach oben, sagt ein Sprichwort. Es lässt allerdings offen, was man denn Lobenswertes findet und loben kann.

Der Psalm schöpft aus der langen Erfahrung, die Israel mit Gott gemacht hat, und rät daher: »Lobe den Herrn!« Er weiß und setzt darauf, dass Gott in seinem Wesen gnädig und barmherzig ist. Dieser Gott gönnt dem Menschen das Gute und gewährt es ihm in reichem Maße. Dafür steht er mit seinem guten Namen ein. Der Mensch ist ihm so kostbar, dass er ihn »krönt« mit Gnade und Barmherzigkeit, das heißt mit all dem Guten, was ihm selber eigen ist.

Aber bevor der Psalm all das Gute, das Gott dem Menschen angedeihen lässt, einzeln benennt und aufzählt, findet er psychologisch geschickt eine Form, die uns dabei hilft, dieses Gute selber zu entdecken. Wenn ich den Psalm bete, ermuntere ich mich selbst zum Loben! Ich fordere meine Seele und alle unbewussten Leibes- und Lebenskräfte in mir zum Lob Gottes auf. Der Psalm legt es mir als Aufruf an meine Seele in den Mund, von seinem heiligen Namen Gutes zu sagen (für das Verb barak, das Luther mit »loben« übersetzt, kennt die deutsche Sprache auch das schöne altmodische Wort »benedeien« = gut sprechen, Gutes zusprechen). Und der Psalmdichter wiederholt diesen Aufruf, damit meine Seele, damit ich selbst als lebendiger Mensch begreife, was ich zu meinem eigenen Besten tun soll: »Vergiss nicht, was er dir Gutes getan hat.«

Denk daran, was Gott dir in deinem Leben schon alles an Gutem getan hat! Mach es dir immer wieder neu bewusst, was du Gutes erfahren hast! Präg dir die Worte und Ereignisse ein, die dir wohlgetan, die deine Verletzungen geheilt und dich aufgerichtet haben! Schau sie dir genau an! Denn dieses Gute hat Gott dir zugedacht.

Michael Heymel

Lobt ihn, ihr Berge und Tiere!

(Psalm 148)

Halleluja! Lobet im Himmel den Herrn,
lobet ihn in der Höhe!
Lobet ihn, alle seine Engel, lobet ihn, all sein Heer!
Lobet ihn, Sonne und Mond,
lobet ihn, alle leuchtenden Sterne!
Lobet ihn, ihr Himmel aller Himmel
und ihr Wasser über dem Himmel!
Die sollen loben den Namen des Herrn;
denn er gebot, da wurden sie geschaffen.
Er lässt sie bestehen für immer und ewig;
er gab eine Ordnung, die dürfen sie nicht überschreiten.
Lobet den Herrn auf Erden, ihr grossen Fische
und alle Tiefen des Meeres,
Feuer, Hagel, Schnee und Nebel,
Sturmwinde, die sein Wort ausrichten,
ihr Berge und alle Hügel, fruchttragende Bäume und alle Zedern,
ihr Tiere und alles Vieh, Gewürm und Vögel,
ihr Könige auf Erden und alle Völker,
Fürsten und alle Richter auf Erden,
Jünglinge und Jungfrauen, Alte mit den Jungen!
Die sollen loben den Namen des Herrn;
denn sein Name allein ist hoch,
seine Herrlichkeit reicht, so weit Himmel und Erde ist.

Psalm 148,1–13

Wer in einer Stadt lebt, ist oft so vielen gleichförmigen Sinneseindrücken ausgesetzt, dass es kaum gelingt, die Natur unverstellt wahrzunehmen. Tag für Tag ist der Lärm der Autos zu hören, dringen Maschinengeräusche in unser Ohr, und was uns umgibt, sind künstliche Stoffe wie Beton, Stahl, Glas und Plastik. Farben und Formen sind standardisiert, und es scheint, als würde beinahe alles, was wir sehen und tasten, schmecken und riechen, durch die Normen der technisierten Welt bestimmt. Abends und in der Nacht wird der städtische Raum von Kunstlicht erleuchtet, Anreiz zu ständiger Aktivität.

Wo können wir da die natürliche Schönheit der Welt erfahren? Manchmal gelingt es auch in der Stadt, beim Spaziergang in einem Park oder beim Anblick des von der Sonne rötlich gefärbten Abendhimmels. Aber wenn wir die gewohnte städtische Umgebung verlassen und für eine Weile in einen anderen Raum, in eine weniger besiedelte Landschaft eintreten, geschieht etwas mit uns, das noch intensiver wirkt. Am Meer oder im Gebirge können sich die Sinne öffnen für die Größe und Herrlichkeit der Natur.

Der Dichter des 148. Psalms bewegt uns zu einer solchen Schau der Natur, die erst dann möglich ist, wenn man die Gedanken, Gefühle und Bilder, den Lärm und die innere Unruhe, die das gewohnte Leben bestimmen, hinter sich zurücklässt. Der Psalm fordert alles, was im Himmel und auf der Erde ist, dazu auf, den Namen des Herrn zu preisen. Die ganze von ihm geschaffene Welt soll in den Lobpreis seines Namens einstimmen. Mit hoher poetischer Kunst stellt dieser Psalm die schöne Ordnung heraus, die in der Vielgestaltigkeit der geschaffenen Welt zu entdecken ist.

Die schöne Ordnung der Schöpfung verherrlicht den Schöpfer, der die Welt wie ein großes Kunstwerk, wie ein erhabenes

Gedicht geschaffen hat: »er gebot, da wurden sie erschaffen« (vgl. 1 Mose 1,1–2,4a).

Von der schönen Ordnung der Welt geht mir etwas auf, wenn ich in die Alpen fahre und die mächtigen Berge mit ihren schneebedeckten Spitzen sehe. »Lobt den Herrn auf Erden, ... ihr Berge und alle Hügel«, sagt der Psalm. Wie können die hohen Berge Gott loben?

Wenn ich mich in ihren Anblick vertiefe, wird mir bewusst, dass es Millionen von Jahren gedauert hat, bis diese Riesen ihre heutige Gestalt bekamen. Wie kurz ist mein Leben im Vergleich mit ihrem Dasein! Sie sind aus keinem anderen Grund da und verfolgen keinen anderen Zweck, als einfach da zu sein. Wenn ich selber im Schauen wirklich da bin, erkenne ich im Augenblick, wozu uns der Psalm aufruft: durch unser Dasein Gott zu loben. In ihrer Größe und Schönheit begegnet mir der Schöpfer.

Ein schönes Gebirge ist mein Geliebter, sagt der spanische Mystiker Juan de la Cruz (Johannes vom Kreuz). Mein Geliebter ist eine Musik, die man nicht hört, eine Einsamkeit, die tönt. Mein Geliebter sind die Berge. Alles andere wird unwichtig außer dem Einen, der mir hier begegnet.

Wie kann ich dann anders auf die gewaltige Schönheit der Berge reagieren als im Gebet, im Einstimmen in den Lobpreis des Schöpfers?

Michael Heymel

Das große Halleluja

(Psalm 150)

Halleluja!
Lobet Gott in seinem Heiligtum,
lobet ihn in der Feste seiner Macht!
Lobet ihn für seine Taten,
lobet ihn in seiner grossen Herrlichkeit!
Lobet ihn mit Posaunen,
lobet ihn mit Psalter und Harfen!
Lobet ihn mit Pauken und Reigen,
lobet ihn mit Saiten und Pfeifen!
Lobet ihn mit hellen Zimbeln,
lobet ihn mit klingenden Zimbeln!
Alles, was Odem hat, lobe den Herrn!
Halleluja!

Psalm 150

»Das große Halleluja« – so ist dieser Psalm, der den Psalter abschließt, in der Lutherbibel überschrieben. Halleluja heißt: Lobt den Herrn! Dieser Aufruf bestimmt und gliedert den ganzen Psalm. Er steht am Anfang und am Ende, und dazwischen wird zehnmal zum Loben aufgefordert. Zuerst sagt uns der Psalm, wo Gott ist, der hier gelobt werden soll, und warum er gelobt werden soll, dann erfahren wir, wie er gelobt werden soll. Wer Gott loben soll, bleibt zunächst offen. Erst am Schluss lesen wir: »Alles, was Odem hat, lobe den Herrn!«

Seit meiner Kindheit berührt mich der unterschiedliche Klang der Instrumente. Manche von ihnen, wie die Klarinette, das Klavier und das Violoncello, sind mir näher, andere dagegen ferner. Ich spüre, wie die tiefen Töne vom Kontrabass mir durch und durch gehen und in mir vibrieren, wie die Trompete mich wachruft und die Flöte mich besänftigt oder ermuntert. Aber den stärksten Eindruck macht mir der Zusammenklang der Instrumente. Wenn ich ein Streichquartett höre, werden auch in mir gleichsam verschiedene Saiten angerührt. Und ein Orchester tönt für mich wie ein ganzer Kosmos von Stimmen, die sich miteinander mischen oder abwechselnd gegeneinander hervortreten können, sodass einmal mehr die Bläser, dann mehr die Streicher den Klang bestimmen. Eine Solo-Violine kann sich aus der Gruppe der Violinen lösen und wieder einfügen, dann wieder vereint sich das ganze Orchester zum Zusammenspiel.

In einem Dorf in Graubünden (Schweiz) fiel mir außen an der Empore der Kirche eine Gruppe musizierender Engel auf, die zusammen ein kleines Orchester bilden. Die Figuren sind im naiven Stil barocker Bauernmalerei gemalt. Eine Frau spielt Orgel, ein Engel singt, ein anderer spielt Gambe oder Violoncello, ein anderer bläst das Horn und wieder ein anderer zupft die Harfe. Die mit einem Heiligenschein ausgezeichnete Orgelspielerin könnte die heilige Cäcilia sein, eine Schutzpatronin der Musik.

Alle singen und musizieren miteinander, sie loben Gott mit ihren Stimmen und Instrumenten. Sie tun das Ihre, um beizutragen zu dem großen Halleluja, dem Fest zu Ehren des Königs der Welt. Und die Gemeinde, die sich in dieser Dorfkirche zum Gottesdienst versammelt, ist eingeladen, es ihnen gleichzutun. Dazu ruft der 150. Psalm auf: den Gott zu preisen, der in seinem Heiligtum über dem Firmament des Himmels thront, der Himmel und Erde mit seinen großen Taten erschaffen hat und mit seiner Herrlichkeit erfüllt.

Die Instrumente, die der Psalm aufzählt, wurden im biblischen Israel zur Feier der Ankunft eines Königs gebraucht. Dann wurden Posaunen (eigentlich Schofar-Hörner) geblasen, begleitet von Psalter und Harfe (großen und kleinen Leiern) die Psalmen gesungen, zum Rhythmus der Pauke (Handtrommel) im Reigen getanzt. Blas- und Saiteninstrumente erklangen, hell klingende und tiefer tönende Zimbeln sollten die Menschen in Begeisterung versetzen.

Mit den Musikinstrumenten wird das Lob Gottes laut in die Welt hinausgetragen. Alle Instrumente sind ja selbst aus Stoffen der kreatürlichen Welt geschaffen. In ihnen und durch sie hindurch tönt und schwingt der Kosmos. Deshalb wird durch sie auch alle Kreatur bewegt, nicht nur die Menschen.

In diese große Freudenbewegung, in diesen alle Kreatur mit einbeziehenden Freudentanz zum Lob Gottes sollen wir einstimmen. Und zwar nicht nur mit den Musikinstrumenten, sondern auch mit Atem und Stimme. Jeder lebendige Mensch kann auf seine Weise mitspielen, mitsingen und mittanzen. »Alles, was Odem hat, lobe den Herrn!«

Michael Heymel

Von Angst und Schmerz bedrängt

INRI

Was können mir Menschen tun?

(Psalm 56)

AUF GOTT HOFFE ICH UND FÜRCHTE MICH NICHT;
WAS KÖNNEN MIR MENSCHEN TUN?

Psalm 56,12

Es gibt immer wieder Grund zum Fürchten: Eine neue Entlassungswelle am Arbeitsplatz droht, und ich muss fürchten, in Kürze vor dem Aus zu stehen. Eine Untersuchung oder Operation steht an, und ich bange, dass es eine schwere und langwierige Krankheit sein wird. Mein Kind ist in ein Umfeld geraten oder eine persönliche Krise und ich befürchte schlimme Folgen, kann aber doch nicht eingreifen.

Ich fürchte mich, und ich habe auch allen Grund dazu. Es gibt reale Gefahren und Bedrohungen, vor denen ich nicht die Augen verschließen kann. Es ist auch wichtig, sie offenen Sinnes anzuschauen, denn nur dann kann ich entsprechend vorsorgen oder mich darauf einstellen, kann mir Begleiter suchen und nach Alternativen Ausschau halten.

Die Angst macht mich wach und wappnet mich vor bösen Überraschungen.

Aber die Furcht kann auch lähmen. Sie lässt auf das drohende Ungeheuerliche starren wie das Reh in der Nacht in die Autoscheinwerfer. Und im letzten Moment entschließt es sich zum Sprung – und genau das ist sein Tod. Die Furcht kann erst lähmen und dann zum unbedachten Handeln treiben. Die Furcht kann auch panisch machen, kopflos und verzweifelt.

Es gibt einen Punkt in der Angst, wo wir akzeptieren müssen, dass wir im Moment nichts mehr tun können. Mehr können wir nicht wissen, mehr können wir nicht planen. Wir können nur noch abwarten. Abwarten und hoffen.

Denn es gibt Situationen, die liegen nicht in unserer Hand. Sie liegen im Dunkel des »Schicksals« oder in der Macht anderer Menschen. Und es mag sehr wohl ganz offensichtlich sein, dass Menschen anderen ihren Lebensweg durchkreuzen, ja, im schlimmsten Fall sogar zerstören können.

Und doch gibt es immer auch noch einen Anderen, der seine Hand im Spiel hat. Der einen scheinbar unausweichlichen Weg ändern kann oder einen für uns unbegreiflichen Weg zu einem sinnvollen (wenn auch nicht unbedingt leichten oder schönen!) Weg verwandeln kann.

Jesus hoffte auch noch auf dem letzten Wegstück, Gott möge einschreiten und ihm den schrecklichen Foltertod ersparen. Gott tat es nicht. Aber er eröffnete einen anderen, bis dahin unvorstellbaren Weg: durch den Tod hindurch zum Leben zu finden; durch die Ungerechtigkeit des Leidens eine neue Barmherzigkeit zu zeigen; durch die Gottesferne hindurch einen neuen Blick auf Gott und eine weltumspannende Freude an Gott entstehen zu lassen.

Das Leiden wird vielleicht nicht weniger schrecklich dadurch. Aber die Furcht wird gemildert durch das Vertrauen und die Macht der Menschen durch das Festhalten an Gott.
Am Ende wird Gott doch stärker sein als alle menschliche Engstirnigkeit, Selbstbezogenheit und Rücksichtslosigkeit. Am Ende steht doch der liebende Vater, der noch den Getöteten aus der Tiefe holt und zum Sinnbild des Lebens macht.

Felizitas Muntanjohl

Dennoch!

(Psalm 73)

DENNOCH BLEIBE ICH STETS AN DIR;
DENN DU HÄLTST MICH BEI MEINER RECHTEN HAND.

Psalm 73,23

Dennoch! In mancherlei misslichen Situationen machen wir uns mit diesem Wort Mut: Der Kuchen ist missraten und die Gäste kommen bald – ich werde dennoch versuchen, noch etwas aufzutischen. Oder schwieriger: Das Kind hat etwas Schwerwiegendes angestellt, was ich niemals von ihm gedacht hätte – ich werde dennoch daran festhalten, dass es eigentlich ein feiner Mensch ist und dies nur ein Ausrutscher war.

Dennoch ist das Wort, mit dem ich in scheinbar aussichtsloser Lage an dem festhalte, was mir wichtig ist und wovon ich überzeugt bin. Auch wenn andere das für dumm oder hoffnungslos halten.

Dennoch ist das Wort, mit dem lange weggedrängte Träume wahr werden. Dennoch ist das Wort, mit dem Liebe auch Krisen meistern kann. Dennoch ist das Wort, mit dem ich Kräfte gewinne, die ich mir schon nicht mehr zugetraut habe.

Dennoch ist das Wort, mit dem Gott die Menschheit nicht aufgibt, obwohl sie es längst verdient hätte.

Und: *Dennoch* ist das Wort, mit dem der Glaube auch schwierigste Situationen überstehen kann. Wie der Baum sich in die Erde krallt, obwohl der lose Sandboden, das Salzwasser und die Stürme ihm schon lange den Boden wegziehen wollen – er krallt sich in ihn und bleibt trotzdem stehen.

Manchmal ist Glauben nur noch ein trotziges Dennoch. Aber es macht stark und eröffnet neue Lebensmöglichkeiten.

Felizitas Muntanjohl

Warum stehst du so ferne?

(Psalm 10)

Herr, warum stehst du so ferne,
verbirgst dich zur Zeit der Not?
Weil der Gottlose Übermut treibt,
müssen die Elenden leiden;
sie werden gefangen in den Ränken, die er ersann.
Denn der Gottlose preist seine Gier und
segnet seinen Profit, verachtet aber den Herrn.
Steh auf, Herr, mein Gott, erhebe deine Hand!
Vergiss nicht die Gebeugten!
Warum soll der Gottlose Gott lästern
und in seinem Herzen sprechen:
»Du fragst doch nicht danach«?
Du siehst es doch, denn du schaust das Elend
und den Jammer;
Es steht in deinen Händen.
Die Armen vertrauen sich dir an; du bist der Waisen Helfer.
Nie mehr übe ein Mensch von Erde fortan Gewalt!

Psalm 10,1–3+12–14+18b

Hoch in den Schweizer Bergen steht dieser Baum. Wie hingekniet und festgekrallt im Fels. Manche jüngere um ihn herum, die noch biegsam sich dem Wetter anpassen können. Viele andere Bäume, die die heftigen Stürme und die langen Winter zerbrochen haben. Dieser aber steht, sichtlich mitgenommen, zum Biegen gezwungen, aber letztlich doch hoch aufgerichtet zwischen Erde und Himmel.

Warum sind die Bedingungen des Lebens so verschieden? Warum fliegt den einen alles zu, dass sie übermütig werden, und andere müssen ein Leben lang kämpfen um ihren Platz im Leben? Warum können die Rücksichtslosen die Bedingungen festlegen, und die Empfindsamen leiden still und zurückgezogen?

Es ist unfair, dass die Machtbesessenen und Gierigen vorwärts kommen und scheinbar Recht behalten!

Es war nicht so, dass in »Gottes Volk« tatsächlich Recht geherrscht hätte. Und es ist nicht so, dass im »christlichen Abendland« christliche Ethik bestimmend wäre. Die Gottlosigkeit der Macht und des Profits war immer bestimmender und verführerischer als die Ethik, die Einfluss und Wohlstand zum Wohl aller einzusetzen bereit ist. Gottes Willen umzusetzen macht nicht so viel Spaß wie den eigenen Vorteil zu suchen.
Und sobald der Maßstab des Gewinns gesellschaftlich salonfähig geworden ist, werden die Reichen reicher und die Armen ärmer werden. Und das Recht wird käuflich.

In diesem Psalm wird der frustrierte Protest zum leidenschaftlichen Aufruf an Gott. Warum sollte der Gottlose lästern dürfen mit der Überzeugung, Gott frage ja doch nicht danach, was hier passiert? Wenn Gott sich verbirgt, wer soll denn dann noch angehen können gegen die falschen Zustände?

Dieser Psalm greift zum letzten Mittel, wenn Gerechtigkeit mit Füßen getreten und die Ethik des Glaubens verspottet wird: Er ruft Gott an, endlich selber einzutreten für die Elenden. Das ist nicht billiges Wegschieben von Verantwortung. Das ist das Letzte, was dem Machtlosen bleibt: sich festkrallen an dem Gott, auf den die Elenden sich verlassen. Und das zählt doch viel mehr als das Getue der Großspurigen! Da muss Gott doch hinschauen! Das ist ja auch gar keine Frage: Natürlich sieht Gott das! Das war schon immer so, dass er auf der Seite der Unterdrückten war. Und irgendwann griff er ein und führte sie aus der Gefangenschaft und machte sie zu seinen Verbündeten!

Manchmal müssen wir uns an Gott festkrallen wie der vom Sturm bedrohte Baum. Es mag sein, dass die Umstände uns beinahe umwerfen, aber wir halten an Gott fest. Es mag sein, dass wir uns biegen müssen unter dem Druck, aber wir werden nicht stürzen. Es mag sein, dass wir manchmal versucht sind, uns aufzugeben, um nur endlich Ruhe zu finden; aber im Glauben behalten wir die zähe Kraft und Überzeugung, dass Gott unser Elend sieht und uns nicht verlässt. Aber wir müssen ihn wohl manchmal herbeirufen aus der unsichtbaren Ferne. Wir müssen ihn erinnern an sein Gottsein, an seine Liebe zu den Elenden, damit er mehr wird als eine stille Hoffnung.

Gott ist nicht auf der Seite der Profitgierigen. Gott ist nicht auf der Seite der Rücksichtslosen. Gott ist nicht auf der Seite derer, die ihn für blind und taub und gleichgültig halten. Gott ist vielleicht lange ein stiller Beobachter. Aber plötzlich kann er zum Umstürzler werden. Die Armen vertrauen darauf. Die sich sicher wähnenden Reichen mögen sich hüten. Der Ruf der Elenden zu Gott ist eine große Macht.

Felizitas Muntanjohl

Ich bin ausgeschüttet wie Wasser

(Psalm 22)

Ich bin ausgeschüttet wie Wasser,
alle meine Knochen haben sich voneinander gelöst;
mein Herz ist in meinem Leibe wie zerschmolzenes Wachs.
Meine Kräfte sind vertrocknet wie eine Scherbe,
und meine Zunge klebt mir am Gaumen,
und du legst mich in des Todes Staub.
Denn Hunde haben mich umgeben,
und der Bösen Rotte hat mich umringt;
sie haben meine Hände und Füsse durchgraben.
Ich kann alle meine Knochen zählen;
sie aber schauen zu und sehen auf mich herab.
Sie teilen meine Kleider unter sich
und werfen das Los um mein Gewand.
Aber du, Herr, sei nicht ferne;
meine Stärke, eile, mir zu helfen!

Psalm 22,15–20

Es ist atemberaubend, einen Sturzbach in den Bergen zu sehen und zu hören! Welches Getöse er macht, dass man sein eigenes Wort nicht mehr verstehen kann! Mit welcher Wucht er hinabstürzt und alles mit sich reißt, was ihm im Wege liegt! Schön ist es, diese Lebendigkeit zu erleben, diese Kraft des Lebens, der Bewegung, das Glitzern und das erfrischte Grün in seiner Nähe. Und zugleich nimmt es die Luft, lehrt das Fürchten vor der elementaren Kraft und der Rücksichtslosigkeit des Hinabschießens.

Manchmal reißt das Leben uns auch mit in seinem Strom, wir geraten in eine Flut von Ereignissen, denen wir nicht ausweichen, uns nicht entziehen können. Wir haben das Gefühl, das Leben geht über uns hinweg und wir können die Ereignisse nicht aufhalten. Menschen entgleiten uns, wir selber können nicht mehr die bleiben, die wir so scheinbar selbstverständlich gewesen sind.
Wir verlieren unsere Unmittelbarkeit, unsere Lebensfreude, unsere Kraft und Hoffnung. »Ich bin ausgeschüttet wie Wasser« ist mehr noch das Bild des versickernden Wassers in der Wüste, sinnlos vergeudet, am Ende siegt doch die Trockenheit, die Wüste.

Gerade in der Not ist die Erfahrung der totalen Einsamkeit noch erschütternder. Menschen, die man kannte, werden zu Feinden, Freunde zu Fremden.
Jesus betete diesen Psalm, als er am Kreuz das Zerbrechen seiner Ziele erlebte, den Spott und die rohe Gewalt der Feinde, die Einsamkeit des Sterbens. Nur der Ruf nach dem helfenden Gott blieb ihm noch. Niemand sonst konnte mehr das Schicksal aufhalten.

So können auch wir, wenn wir unseren Schmerz und unsere Kraftlosigkeit spüren, vielleicht nur noch diese eine Adresse als letzte Möglichkeit anrufen: »Aber du, Gott, sei nicht ferne!«

Jesus blieb der Weg in die größte Einsamkeit und Tiefe nicht erspart. Und doch wurde dieser Weg zu dem einzig fruchtbaren, einem Welt-wendenden Weg: Niemand sonst hat so sehr die Hoffnung vermittelt, dass Gott auch in das größte Elend mitgeht. Niemand sonst hat den Tod als größten Liebesbeweis Gottes vermitteln können, um dann die Verwandlung in neues, unbegreifliches Leben erfahrbar zu machen.

Es gibt jetzt keine Tiefe mehr, in die wir Gott nicht mit uns gehen wüssten. Es gibt jetzt keinen Tod mehr, der uns endgültig vom Leben schiede; es ist jeder Weg ein Weg in die Verwandlung zu einem neuen, uns jetzt nicht vorstellbaren Leben.

Die Worte und Bilder, die unsere dunkelsten Stunden ausdrücken, sie münden in den Ruf und in das Vertrauen, dass Gottes Wege nicht zu Ende sind, wenn wir keine Kraft mehr haben.

Die United Church of Christ in New York hat ein schönes Plakat entworfen: Auf rotem Grund ist ein großes schwarzes Komma abgebildet; und dabei steht sinngemäß: Wenn wir nicht mehr weiterwissen, dann ist das noch nicht das Ende, für Gott ist es nur ein Komma, nach dem er weiterschreibt.

Felizitas Muntanjohl

Ich wache und klage wie ein einsamer Vogel

(Psalm 37)

ICH BIN WIE DIE EULE IN DER EINÖDE,
WIE DAS KÄUZCHEN IN DEN TRÜMMERN.
ICH WACHE UND KLAGE
WIE EIN EINSAMER VOGEL AUF DEM DACHE.

Psalm 37,4+7a

Wer schon ein Käuzchen hat klagen hören, der weiß, wie es einem durch Mark und Bein gehen kann, gespenstisch, fast bedrohlich. In seinem Ruf werden die eigenen Ängste und Einsamkeitsgefühle wachgerufen und gesteigert. Es ist nicht verwunderlich, dass es als Todesankündiger gilt.

Die Eule in der Einöde und das Käuzchen in den Trümmern, sie sind Inbegriff der Einsamkeit und Verlassenheit. Wer ihren Klageruf hört, wird sich zurückziehen.

Mancher Elende erlebt sich selber gerade so. Wenn eine Krankheit oder ein Unglück wie ein Tabu behandelt wird, dann erlebt sich der Betroffene zusätzlich noch als ausgegrenzt und preisgegeben. War es für die Menschen in biblischer Zeit Lepra, so wurde es später der Krebs und jetzt die AIDS-Erkrankung. Vor allem, wenn die Ansteckungsgefahr groß oder ungewiss ist, laufen nur wenige nicht davon.

Aber auch bei seelischem Leid wird man schnell abgeschrieben: »Der soll sich nicht so anstellen ...«, »Mit ein bisschen mehr Willenskraft ...« oder »Nicht schon wieder die selben Klagen ...!«

Wer bleibt da, wenn das Leid einsam macht?

Sprache zu finden für das Leid ist wichtig. Tränen können lösende Kraft haben. Lieder können innere Bewegung bringen. Gott, hilf! Du hörst und siehst doch auch den Kummer in der Nacht!

Felizitas Muntanjohl

Mit Schuld fertig werden

Als ich es wollte verschweigen

(Psalm 32)

Wohl dem, dem die Übertretungen vergeben sind,
dem die Sünde bedeckt ist!
Wohl dem Menschen, dem der Herr die Schuld
nicht zurechnet,
in dessen Geist kein Trug ist!
Denn als ich es wollte verschweigen,
verschmachteten meine Gebeine durch
mein tägliches Klagen.
Denn deine Hand lag Tag und Nacht schwer auf mir,
dass mein Saft vertrocknete, wie es im Sommer dürre wird.
Darum bekannte ich dir meine Sünde,
und meine Schuld verhehlte ich nicht.
Ich sprach: Ich will dem Herrn
meine Übertretungen bekennen.
Da vergabst du mir die Schuld meiner Sünde.

Psalm 37,4+7a

So lange ich dorthin kam, stand da der Apfelbaum im Park, mächtig breit und schattenspendend. Diesmal bei meiner Wiederkehr liegt er gebrochen auf der Wiese. Der Sturm des vorigen Tages hat ihn zerbrochen. Ich bin traurig und ärgerlich: Warum muss so ein blöder Sturm ausgerechnet diesen herrlich platzierten Apfelbaum fällen! Beim näheren Betrachten sehe ich ein Wespenvolk aufgeregt aus und ein fliegen. Ich wage mich vorsichtig näher und sehe: Schon längst war der Baum innen ausgehöhlt, von den Wespen bewohnt und durchlöchert, das Holz morsch. Es war nur eine Frage der Zeit, bis die innere Zerstörtheit außen sichtbar wird und den scheinbar kräftigen Baum umwirft.

Ist es nicht mit unseren menschlichen Fassaden ganz ähnlich? Wer schaut hinter unsere Maske von Selbstgewissheit und Anständigkeit? Wer kennt die inneren Hohlräume an Angst und angesammelter Schuld? Wir selber kleistern eifrig die Spuren unserer inneren Leere zu; wir legen uns ein Gehabe von Unfehlbarkeit an; wir mokieren uns lautstark über die Fehler der anderen, damit niemand auf unsere schaut.

Schuld und Sünde sind überlebte Begriffe. Wir reden nicht davon. Jedenfalls nicht bei uns selbst. Schuld – die gibt es nur bei den anderen. Für uns gibt es immer mildernde Umstände: Wir hatten eine schwere Kindheit, schlechte Erfahrungen in Schule und Freundeskreis, nicht uns angemessene Arbeitsplätze ... Es war vielleicht nicht alles gut, was wir taten, aber wir konnten eben nicht anders. Schuld daran waren die anderen.

Zusammenbrüche entstehen allmählich. Beziehungen zerbrechen langsam. Schuld hat selten sofort Konsequenzen. Es ist ein langsam wirkendes Gift. Verletzungen, im Streit gesagt und nicht so gemeint, schlagen Wunden, die erst noch recht gut verheilen, dann immer schlechter und schließlich unheilbar werden.

Schuld kann ganz unscheinbar sein und erst mal wie Freiheit aussehen. Man kann auch an sich selber schuldig werden und merkt es nicht: wie das Fernsehen das Sehen des Naheliegenden abstumpft, wie das Leben im Lärm das Hören der Stille unmöglich macht, wie das Starksein die Tränen austrocknet, wie die Entscheidungsfreiheit das Verantwortungsgefühl lahmlegt. Viel später zeigen sich die Wirkungen, erst mal an anderer Stelle: in der Langeweile, in den Kopfschmerzen, in den Schlafstörungen, in häufigen Infektionskrankheiten. Wir sehen noch keine Verbindung und fühlen uns nur belästigt davon.
Dann macht sich die Unzufriedenheit Luft in Worten, in Spannungen, in dem Wunsch abzuhauen oder in heimlichen Todeswünschen, die die Form des Rasens oder anderer riskanter Verhaltensweisen annehmen.

»Als ich es wollte verschweigen, verschmachteten meine Gebeine durch mein tägliches Klagen.« Klagen über das Leben, über die bösen anderen, über Gottes Ungerechtigkeit.

Irgendwann bricht der ausgehöhlte Baum. Irgendwann protestiert das stillgelegte Herz. Irgendwann zerfällt das aufgebaute Haus, das nur noch Fassade war.
Irgendwann muss ich der eigenen Schuld ins Auge sehen und sie laut bekennen. Nur so kann sich der Weg der Verdrängung und Falschheit wandeln in einen – erst mal schmerzhaften und peinlichen, dann aber geklärten und wahrhaftigen Weg. Nur wo Schuld zugegeben wird, kann der andere verzeihen. Nur wo eigene Sünde bekannt wird, kann im Miteinander ein Neuanfang gefunden werden. Vielleicht mit den Menschen. Ganz sicher mit Gott.

Felizitas Muntanjohl

Sei mir gnädig nach deiner Güte

(Psalm 51)

Gott, sei mir gnädig nach deiner Güte,
und tilge meine Sünden nach deiner
grossen Barmherzigkeit.
Wasche mich rein von meiner Missetat,
und reinige mich von meiner Sünde;
denn ich erkenne meine Missetat,
und meine Sünde ist immer vor mir.
An dir allein habe ich gesündigt und übel vor dir getan,
auf dass du Recht behaltest in deinen Worten
und rein dastehst, wenn du richtest.
Schaffe in mir, Gott, ein reines Herz,
und gib mir einen neuen, beständigen Geist.
Verwirf mich nicht von deinem Angesicht,
und nimm deinen heiligen Geist nicht von mir.
Erfreue mich wieder mit deiner Hilfe,
und mit einem willigen Geist rüste mich aus.

Psalm 51,3–6.12–14

Hier spricht offenkundig ein Mensch, der erkannt hat: So, wie ich bisher gelebt habe, geht es nicht mehr weiter. Ich bin in eine Sackgasse geraten. Von dieser Erkenntnis ist er derart erschüttert und durchdrungen, dass sie ihm keine Ruhe lässt. Denn für ihn ist nicht bloß irgendetwas »dumm gelaufen« oder aufgrund äußerer Umstände schiefgegangen, sondern er selbst hat etwas verbrochen und ist schuldig geworden, er selbst hat sich verfehlt und übernimmt dafür die Verantwortung. Er sagt nämlich: Meine Sünden, meine Missetat, meine Sünde. Und er spricht sich aus vor einem Forum, wo er unausweichlich für das, was er getan hat, verantwortlich gemacht wird: vor Gott. Hier ist offenbar der Ort, wo nicht nur alle Ausflüchte zwecklos sind, sondern wo jeder Einzelne mit einem Gegenüber konfrontiert wird, das die Oberfläche durchschaut und tiefer sieht als irgendein Mensch, nämlich ins Herz (vgl. 1 Sam 16,7), wo einer offenbar wird in seiner inneren Widersprüchlichkeit und Zerrissenheit.

Der Mensch, der hier spricht, wendet sich in seiner Not an diesen Einen: den Gott vom Sinai, der sich offenbart hat als der Herr, »barmherzig und gnädig und geduldig und von großer Gnade und Treue« (2 Mose 34,6). Vor ihm kann er wahrhaftig sein und zu dem stehen, was er getan hat. Und ihn allein kann er um Befreiung von seiner Schuld bitten.

Für mich ist dieser Psalm eine große Hilfe, mich in ausweglosen Situationen an Gott zu wenden. Der Psalm bietet mir eine Form des Betens an, in der ich das, was mich auf meinem Weg von Gott entfernt hat und was sich nicht wieder gutmachen lässt, vor ihn bringen kann. Er sieht und versteht mich in meiner Not besser, als irgendein Mensch mich sehen und verstehen könnte, und er kann mich auch von dem Makel befreien, der mir anhaftet: der Makel, gegen seine gute, das Leben fördernde Ordnung verstoßen und mich verfehlt zu haben gegen meine Mitmenschen, gegen mich selbst und gegen Gott.

Die jüdische Tradition schreibt den Psalm König David zu. An ihm, der zum Ehebrecher und Mörder wurde, soll Israel sehen, wie ein Mensch, der gefallen ist, von Gottes Barmherzigkeit wieder aufgerichtet werden kann. Sein Bittgebet hilft mir, eine Sprache zu finden für das, was ich ungeschehen machen möchte und doch nicht ungeschehen machen kann: meine Sünde, ja ein ganzes Knäuel von Sünden, in dem ich mich verfangen habe; mein Verbrechen gegen die Gebote des Lebens; meine Schuld, der Schaden, den ich angerichtet habe. Davon kann ich sprechen, ohne daran ersticken zu müssen.

Wenn mir meine Schuldverstrickung so bewusst ist, dass ich mich durch und durch dreckig fühle, wenn ich erkenne, dass ich mich selbst nicht rechtfertigen kann, sondern dem Urteil Gottes zustimmen muss, damit er Recht behält: Dann bin ich dran wie David. Tränen der Verzweiflung und der Reue können fließen, wenn mir aufgeht: Ich stecke so tief in der Sünde drin, dass ich aus eigener Kraft da nicht herauskomme. Dann bin ich wirklich so weit, dass ich Buße tun, das heißt umkehren und in einer neuen Beziehung zum Ursprung allen Lebens leben will. Die Bitte um Erneuerung (Verse 12–14) kommt aus einem zerrissenen, gequälten Herzen. Sie kommt aus der Einsicht: Ich brauche deine Hilfe, Gott, sonst bin ich verloren! Nur du kannst mir heraushelfen!

Der Psalm sagt mir vor, was ich dann wirklich brauche: ein reines Herz (Gewissen), das von Sünde und Sündenbewusstsein ungetrübt ist. So kann ich Gott wieder vor die Augen treten. Das ist das Beste, was ich jetzt tun kann: bitten um den heiligen Geist, der den Menschen erneuert und stärkt, bitten, dass mein Geist frei wird von der Herrschaft der Sünde und willig zum Guten. Und dann kann wahrhaftig ein neues Leben anfangen!

Michael Heymel

Aus der Tiefe rufe ich zu dir

(Psalm 130)

Aus der Tiefe rufe ich, Herr, zu dir.
Herr, höre meine Stimme!
Lass deine Ohren merken auf die Stimme meines Flehens!
Wenn du, Herr, Fehlverhalten anrechnen willst –
Herr, wer wird bestehen?
Doch bei dir ist die Vergebung, dass man dich fürchte.
Ich hoffe, Herr,
meine Seele harrt, und ich warte auf dein Wort.
Meine Seele wartet auf den Herrn
mehr als die Wächter auf den Morgen;
mehr als die Wächter auf den Morgen,
so hoffe Israel auf den Herrn!
Denn bei dem Herrn ist die Gnade
und viel Erlösung bei ihm.

Psalm 130,1–7

Aus der Tiefe steigt der Ruf nach Gott, aus einer Tiefe, die nicht irgendein Pech beschreibt, in das ich ganz unverschuldet hineingeriet, sondern aus einer Tiefe, die ich mir selber eingebrockt habe. Eine Schuld, ein unüberlegtes, ein selbstbezogenes Verhalten, das mich nun zu Recht in die Tiefe gezogen hat: von den Menschen gemieden, schief angesehen, mit Vorwürfen überschüttet, von Gott geschieden, denn wie könnte ich jetzt noch vor ihn treten, wagen, seine Hilfe zu erbitten.
Ich habe mein Leben selbst verpatzt. Da kann mir keiner mehr heraushelfen. Nichts ist rückgängig zu machen, nichts wieder gut zu machen.
Ich sehe nur noch Nacht und Dunkelheit. Die Sonne scheint nicht mehr mir, das Lachen ist mir vergangen. Wie soll da ein Neuanfang möglich sein? Ich habe es auch nicht verdient.

Vergebung? Wer könnte mir das zusprechen? Ich würde es niemandem abnehmen.
Vergebung. Wie sollte das zugehen?
Das wäre wie ein Neuanfang ohne Minus auf dem Konto. Wer sollte das auf sich nehmen? Das wäre ein neues Bild von mir, das ich selber nicht sehen kann, unbeschmutzt, zwanglos, aufgeschlossen.

Vergebung? Da würde die Welt ja drunter und drüber gehen. Strafe muss sein, ist schon richtig. Wir verdienen es so.
Und doch – wie soll ich leben mit diesem Sack an Schuld, dem Getuschel der anderen, meinem Drang zur Selbstzerstörung in kleinen Schritten: Alkohol, Raserei, Betäubung und nächtliche Verzweiflung.

Bei dir ist die Vergebung, dass man dich fürchte.
Das wäre ein anderer Weg. Die Strafe kenne ich: in der Einsamkeit, der Lebenswut, dem Zerstörungsdrang. Ausweglosigkeit. Vergebung wäre ein Schlussstrich und ein Neuanfang.

In dem unvergleichlichen dänischen Film »Adams Äpfel« kommen junge Leute zur Resozialisierung in ein Pfarrhaus, dessen merkwürdig zwanghaft-naiver Pfarrer unbeirrt nur das Gute sehen will. Es ist rührend und gespenstisch; grausam soll er die Wahrheit der Bosheit ernst nehmen und zerbricht fast daran; aber auch die der Kaputtheit des Lebens Verfallenen ändern sich unter seinem Blick: Sie werden etwas mehr von dem, was er so unbeirrbar in ihnen sieht: achtenswerte und verantwortungsvolle Menschen. Am Ende ist niemand nur gut und niemand nur böse. Jeder weiß, dass er von der Güte der anderen lebt und selber verantwortlich dafür ist, dass das Leben, von den inneren Zwängen befreit, weitergehen, miteinander weitergehen kann.

»Ich hoffe auf sein Wort«, auf das lösende, das befreiende Wort. Das Wort, das mir Zukunft zusagt, das mir mein Menschsein neu zuspricht, das mir einen Neuanfang möglich macht.

In der Dunkelheit der Tiefe gibt es nur dieses elende Warten. Wird es denn nie wieder Tag, nie wieder hell? Wird jemals dieses Kreisen der Gedanken aufhören, das Gefangensein in der alten Schuld? Wird es nie wieder werden wie früher?
Nein, es wird nie wieder werden wie früher. Aber es kommt ein neuer Morgen. Ein Morgen, der anders strahlt, weil wir die Schrecken der Nacht kennengelernt haben. Ein neues Leben, das nicht mehr einfach schön ist; sondern wertvoll und kostbar, weil wir wissen, wie wenig selbstverständlich das ist. Wir werden andere sein, wenn wir die Erlösung der Vergebung erfuhren: demütiger, gütiger und verständnisvoller. Wir werden den Schrecken der Schuld kennen, aber auch das lösende Wort. Weil es am Ende der Nacht in unsere wartende Seele fiel und uns endlich aufatmen ließ. Das lösende Wort von Gottes Güte auch für die Schuldigen.

Felizitas Muntanjohl

Bitte um Hilfe

POSTBRIEFKASTEN
Montag - Freitag
16:00
Samstag
11:00
Sonntag
07:30

Du gibst meiner Seele große Kraft

(Psalm 138)

WENN ICH DICH ANRUFE, SO ERHÖRST DU MICH
UND GIBST MEINER SEELE GROSSE KRAFT.

Psalm 138,3

Bei »Anrufen« denken wir heute sofort an das Telefon. Und das ist sogar ganz ähnlich dem, was auch Beten ist. Ob anrufen oder Brief schreiben – es ist immer ein Stück Ungewissheit, ein Bangen und Warten darin: Wird der andere wirklich da sein? Wird er den Hörer abnehmen? Wird der Brief ankommen?

Beten ist ein Wagnis. Schon wenn ich anfange, kann die Zweiflerstimme in mir raunen: »Glaubst du wirklich, dass es Gott gibt? Und er sollte ausgerechnet dir zuhören?« Und wenn ich weiterbete, weil ich keine bessere »Adresse« weiß: »Na, jetzt kommst du, wo's dir schlecht geht. Lös doch deine Probleme selber, wenn du ein erwachsener Mensch bist!« Und auch wenn ich weiß, dass der Zweifler nur seine scheinschlaue Modesprache an mir ablässt, trifft sie mich doch und sät Unsicherheit und Halbherzigkeit.

Beten ist ein Abenteuer: Ich begebe mich auf einen Weg, dessen Ausgang ich nicht kenne. Ob Gott hört, kann ich nicht nachprüfen; ob er tut, was ich mir wünsche, ist ungewiss; dass ich ihn höre, ist ausgesprochen selten.
Wir haben ein sehr marktwirtschaftliches Verhältnis zum Gebet entwickelt: Also, Gott, ich bete zu dir und gestehe dir damit Wirklichkeit zu, aber dann beweise auch deine Wirklichkeit und tu, was ich von dir will. So wird es nichts mit dem Beten. Beten ist Beziehung. Und die ist nicht kalkulierbar, sondern lebendig. Sie lebt vom Du des Gegenübers, vom Wir des Miteinanders, von gemeinsamen Überzeugungen und von Treue und Vertrauen auch in schwierigen Zeiten.

Beten ist Freundschaft pflegen. Von Mose (vgl. 2 Mose 33,11) heißt es: »Gott redete mit Mose, wie ein Mann mit seinem Freund redet.« Das gilt natürlich auch umgekehrt. Wir müssen nicht bestimmte Formen einhalten, wir können so reden, wie uns »der Schnabel gewachsen ist«. Aber Respekt und Achtung dem anderen gegenüber gehört dazu. Nicht ein forderndes: Ich brauch dich jetzt grad mal, zeig', dass du mein Freund bist. Das würden wir uns von Freunden auch nicht gefallen lassen.

Freundschaft pflegen bedeutet auch: Ich interessiere mich für das, was dir wichtig ist. Ich freue mich, wenn du für mich da bist, aber ich will auch für dich da sein. Sag mir, was du dir von mir wünschst, ich werde es ernst nehmen und zu erfüllen versuchen. Freundschaft ist Gegenseitigkeit. Da kann für eine gewisse Zeit auch ein Ungleichgewicht sein an Bedürftigkeit, aber im Prinzip darf jeder sagen, was er sich vom anderen wünscht. Also: auch Gott von mir.

Beten ist wie Freundschaft auch Vertrauen: Selbst wenn er sich nicht sofort meldet, auch wenn er den Wunsch nicht oder nicht gleich erfüllt, auch wenn er mal anderer Meinung ist: Ich erkläre deswegen nicht gleich die Beziehung für beendet. Denn ich könnte mir damit die einzig richtig wertvolle Freundschaft nehmen, die ich habe: ein Gegenüber, das mich kennt und versteht – und das mich gerade deswegen umlenken will.
»Wenn ich dich anrufe, so erhörst du mich«, sagt vertrauensvoll der Psalmbeter – und wir denken automatisch weiter: Toll! Gebet erhört heißt Wunsch erfüllt. Pustekuchen! Da steht nichts von Wunscherfüllung. Da steht: »Du gibst meiner Seele große Kraft.« Um den Wunsch zu realisieren? Um den richtigen Weg zu finden? Das ist gar nicht das Entscheidende. Das Wichtige ist: Lebenskraft zu gewinnen, Hoffnung, Mut, Glaubensgewissheit. Das Wichtige ist: Aus dem Gebet Kraft zu gewinnen für das, was jetzt dran ist. Da sind wir dann doch wieder nah beim Erwachsensein: Eigene Entscheidungen zu treffen, verantwortlich und auf Herz und Verstand gleichermaßen bezogen. Gebet als Lebenskrafttanken.

Felizitas Muntanjohl

Ich bin einsam und elend

(Psalm 25)

Meine Augen sehen stets auf den Herrn;
denn er wird meinen Fuss aus dem Netze ziehen.
Wende dich zu mir und sei mir gnädig;
denn ich bin einsam und elend.
Die Angst meines Herzens ist gross;
führe mich aus meinen Nöten!

Psalm 25,15–17

Mit Faszination habe ich diese Bronzefigur des Gekreuzigten angeschaut. Er schwebt geradezu auf dem Podest, das Kreuz unsichtbar, nur angedeutet. Man weiß, dass es dort hingehört. Der Gekreuzigte hat die Haltung bewahrt, obgleich er losgelöst ist von dem Folterinstrument.
Noch faszinierender aber ist der Schatten des Gekreuzigten: Es ist, als würde er tanzen; und es wirkt wie eine Einladung in seine geöffneten Arme: Kommt her zu mir, ihr Mühseligen und Beladenen! Bei mir könnt ihr alles ablegen.

»Meine Augen sehen stets auf den Herrn.« Das kann Erfahrung werden im Krankenhauszimmer, wo man über längere Zeit ans Bett gefesselt liegt und weiß, dass das Leben von nun an ein anderes sein wird. Warum dieser Bruch im Leben? Wie soll man das Leben schaffen können unter anderen, schwereren Bedingungen? Warum mutet Gott einem das zu?

Mit dem Abbild des Gekreuzigten an der Zimmerwand entsteht ein Dialog. Und langsam lernt man annehmen, was das Leben einem zumutet; langsam entdeckt man, dass man nicht allein gelassen ist. Die Augen sehen stets auf den Herrn. Und damit ändert sich auch der Blick auf das eigene Leben. Die Frage nach dem Sinn ändert sich, wird weniger selbstbezogen, weniger eindimensional. Und man gewinnt eine Kraft, die man vorher niemals aufbringen zu können meinte.

»Meine Augen sehen stets auf den Herrn.« Das kann im stillen Sitzen in der Kirche geschehen, wenn wir die Fragen der Lebenskrise dem Gekreuzigten entgegenschleudern, wütend, erschrocken, verzweifelt. Und schauen diesen Gekreuzigten an und warten auf Antwort. Vielleicht hören wir ihn, vielleicht bleibt er still. Wir schauen, und langsam entdecken wir, was wir in der Gewohnheit des Sehens nicht bemerkten.

In diesem Christus wird etwas sichtbar davon, dass das Kreuz sich verwandeln kann, wenn wir es annehmen. Dass wir eine Leichtigkeit gewinnen können, als sei es nicht da. Und dass sich die Situation zum Segen verwandeln kann. Man selber wird ein anderer – und man wird für die Menschen um einen ein anderer. Denn die anderen werden spüren: Da ist jemand, der das Schwere kennt und nicht zerbrochen ist. Da ist jemand, der die Einsamkeit kennt und zum Einladenden wird. Hier ist ein Ohr, das hört, weil der Mensch es gewagt hat, nicht davonzulaufen. Hier ist ein Mensch, der den Glauben nicht aufgab und darum daran gewachsen ist.

Da hat einer das Vertrauen nicht aufgegeben und hat Gott neu erfahren und ist selber zum Segen für andere geworden. Der Weg mag weit sein und durch tiefste Einsamkeit und Dunkelheit gehen. Aber Christus ist uns vorausgegangen, ist uns zum Weg geworden. Darum können auch wir weitergehen.

Felizitas Muntanjohl

Vertrauen
wagen

Befiehl dem Herrn deine Wege

(Psalm 37)

BEFIEHL DEM HERRN DEINE WEGE UND HOFFE AUF IHN,
ER WIRD'S WOHLMACHEN.

Psalm 37,5

Sofort fällt uns bei diesem Vers das schöne Lied von Paul Gerhardt ein: »Befiehl du deine Wege und was dein Herze kränkt, der allertreusten Pflege des, der den Himmel lenkt ...«

Wie manches Mal stehen wir auf unseren Wegen an einem Punkt, wo wir nicht weiterwissen; wo wir das Gefühl haben, jetzt gibt es nichts mehr, was wir tun, worauf hin wir hoffen können. Und niemand weiß uns wirklich Rat zu geben in unserer Not. Vielleicht kommen durchaus allerlei Ratschläge und allerlei Erfahrungsgeschichten anderer, und doch haben wir den Eindruck, niemand versteht wirklich, wie es uns geht. Und doch sind wir in dem sorgenden Kreisen der Gedanken in uns selbst gefangen; wir finden nicht den Blick, der über dem Ganzen steht.

»Befiehl dem Herrn deine Wege« heißt: ihm die eigene Zukunft »anbefehlen«, also in seine Hände legen. Das ist nicht leicht. Wir fürchten uns zu sehr vor dem, was kommen könnte. Aber hier ist es vertrauensvoll verbunden mit dem Aufruf: Hoffe auf ihn!

Ich kann nur etwas Wertvolles einem anderen übergeben, wenn ich ihm vertrauen kann. Dem Nachbarn vertraue ich, dass er nicht mit Hilfe meines Haustürschlüssels die Wohnung ausräumt; der Lehrerin vertraue ich auf dem Klassenausflug mein Kind an; der Freundin meinen tiefsten Kummer ohne Furcht, dass er zum Geschwätz des Ortes wird.
Um das Leben nicht auf mich allein gestellt meistern zu müssen und einsam zu bleiben, muss ich vertrauen lernen, muss ich Vertrauen wagen.

Manchmal muss ich mein ganzes Leben in die Hände eines anderen geben, eines Arztes oder eines Piloten oder eines treuen Freundes. Immer bleibt es ein Risiko.

Auch der Glaube ist nicht eine perfekte Sicherheit, schon gar nicht dafür, dass mir mein Wille erfüllt wird.
Aber der Glauben ist das Vertrauen und die Gewissheit, dass Gott es gut mit mir meint. Und dass er einen Weg für mich weiß, auch wenn andere und ich selber nichts mehr wissen. Glaube ist die Gewissheit: Gott wird es wohlmachen. Es mag anders aussehen, als ich es gerne hätte. Aber es ist dann ein Weg, auf dem ich in keinem Moment alleingelassen bin.

Gott wird es wohlmachen, darauf hoffe und vertraue ich. Er weiß wohl auch mehr davon, was für mich »wohlmachen« bedeuten mag, als ich es selber weiß. Manche Freundschaft, die ich mit Kummer verlor, hatte mir nicht gutgetan; mancher Weg, den ich für einen gottgewollten hielt, hat sich als Fehler und Selbstüberschätzung erwiesen; zum Glück habe ich manches Ziel, das ich mir wünschte, nicht erreicht, weil ich auf dem »notgedrungenen« Weg mein Glück fand.

»Befiehl dem Herrn deine Wege« ist ein mutiges und vertrauensvolles Loslassen in die Hände eines Größeren. Ich kann es wagen, weil ich weiß, dass ich bei ihm in guten Händen bin. Sie tragen mich auch dann, wenn nichts mehr trägt.

An vielen Krankenbetten habe ich das Lied von Paul Gerhardt schon gesungen und manches Mal ein erleichtertes Seufzen als Dank gehört oder den Ausruf: So ist das Leben dann doch noch schön!
Wir können im Klang dieser Worte auch das Leben neu sehen lernen.

Felizitas Muntanjohl

Unser Gott kommt und schweigt nicht

(Psalm 50)

GOTT DER HERR, DER MÄCHTIGE,
REDET UND RUFT DER WELT ZU
VOM AUFGANG DER SONNE
BIS ZU IHREM NIEDERGANG.
AUS ZION BRICHT AN DER SCHÖNE GLANZ GOTTES.
UNSER GOTT KOMMT UND SCHWEIGT NICHT.

Psalm 37,4+7a

Großartig ist der Anblick eines Sonnenuntergangs. Es ist, als schmücke sich die abendliche Erde mit einem himmlischen roten Mantel; für kurze Zeit ist alles in ein traumhaftes Licht getaucht, als wollte alles Harte und Unerbittliche des Tages sich vor der Nacht zu milder und beruhigender Güte wandeln. Der Sonnenuntergang ist wie ein Bild dafür, dass die Erde eine andere sein könnte, wenn wir sie nicht immer wieder zum Schauplatz unserer Kämpfe und Lieblosigkeiten machen würden.

In diesem Psalm ist der Anblick vom Morgen- und vom Abenddämmern, vom strahlenden Leuchten des Tempels auf dem Jerusalemer Zionsberg, aber auch das Toben von Sturm und Feuer ein Hinweis auf die Größe und Gegenwart Gottes. Aber eben nicht nur des schönen, sondern auch des aufmerksamen und strengen Gottes.

Es liegt ihm nicht daran, Opfer zu erhalten; schließlich gehört ihm die ganze Welt. Es liegt ihm aber sehr viel daran, dass die Menschen die Regeln des Zusammenlebens beachten und nicht meinen, sie könnten sich mit Dieben gemein machen, mit Beschimpfungen und bösen Gerüchten sich aufspielen und dann denken, Gott sieht es nicht und lässt sich mit einem Opferritual besänftigen.

Keineswegs: Unser Gott kommt und schweigt nicht!
Unser Gott ist nicht ein Schöpfergott, der sich schon längst zur Ruhe gesetzt hätte und grad mal mit einem Erntedankfest zufrieden wäre. Unser Gott schaut sehr wohl darauf, wie wir umgehen mit dem Geschenk des Lebens. Er ist auf der Seite der Schwachen und Unterdrückten. Ihn verletzen die Worte, die einen empfindsamen Menschen treffen. Ihn empören die Verleumdungen und Gerüchte, die wir verbreiten. Ihn lässt nicht gleichgültig, dass wir seine Worte vergessen.

»Das hast du getan und ich soll schweigen?«, heißt es später: »Meinst du, ich bin wie du?«

Was er will, ist nicht ein – nur uns selber beruhigendes – Ritual, sondern eine Beziehung. Lob und Dank erwartet er, darauf wartet er. Kommt uns das in den Sinn, wenn wir am Morgen oder Abend den herrlichen Himmel sehen? Denken wir beim Glanz der Kirchen, bei Sturm oder Feuer, beim Anblick der Tiere an den »schönen Glanz Gottes«, der in alldem liegt? Und auch an seine leidenschaftliche Liebe zu allen Geschöpfen seiner Erde?

Vom Aufgang der Sonne bis zu ihrem Niedergang ist unser Tag gefüllt mit Hinweisen auf Gottes Größe und Gottes Schönheit. Leben wir an ihm vorbei, mag er auch Feuer und Sturm zu seinen Boten machen. Sein Ruf an uns hat viele Stimmen. Hören und sehen wir den Gott, der kommt und nicht schweigt?

Felizitas Muntanjohl

Wirf dein Anliegen auf den Herrn

(Psalm 55)

Wirf dein Anliegen auf den Herrn;
der wird dich versorgen
und wird den Gerechten in Ewigkeit
nicht wanken lassen.

Psalm 55,23

Es ist ungemein wohltuend, am Meer zu sitzen oder zu wandern, dem Rauschen der Wellen zuzuhören und in dieses Gleichmaß an Kommen und Gehen, an laut und leise, an Sanftheit und Stürmischsein hineingenommen zu sein.

Wenn ich dort bin, überwiegt am ersten Tag für mich Mittelgebirgsmenschen noch das Staunen. Aber bereits am nächsten Tag beginnt dieses Gleichmaß sich auch in mir auszubreiten. Alles Belastende wird sanft davongeschaukelt, alles scheinbar so Wichtige wird klein angesichts der Zeitlosigkeit des Meeres.

Weit ist das Meer, weit der Horizont. Es hat etwas Beunruhigendes, kein Ende sehen zu können; wie gut, auf dem festen Land zu sein! Es hat aber auch etwas Befreiendes: Mein kurzer Blick des Alltags wird in die Ferne gelockt – wer weiß, was sie an Schönem und Überraschendem bereithält! Vielleicht habe ich auch »zu klein« gedacht? Zu klein vom Leben, zu klein von mir und meinen Mitmenschen, zu klein von Gott?

»Wirf dein Anliegen auf den Herrn!«, fordert der Psalm auf. Er sagt nicht: Leg es bei Gott ab. So wie man eine zu mühsame Akte auf dem Schreibtisch möglichst weit unten ablegt, damit man sie nicht so bald erledigen muss. Mein Anliegen soll nicht irgendwo abgelegt werden, bis es verjährt ist.

Er sagt auch nicht: Knall es ihm vor die Füße! Sag ihm, dass dir alles stinkt! Als sei Gott schuld an allem, jedenfalls allem Schlechten. Und jetzt müsste er sich um das Verdorbene kümmern. Als wäre er jemand, der gefälligst mein Leben in Ordnung zu bringen hat, wenn ich in einer Sackgasse stecke.

Er sagt: Wirf dein Anliegen auf den Herrn! Da ist schon eine kraftvolle Bewegung drin; da wird eine Kluft überbrückt, die weiter reicht als mein Arm.

Es ist ein gutes Bild für die Bitte um Gottes Hilfe. Es ist, wie einen Stein ins Meer werfen: Er wird einen mehr oder weniger großen Bogen fliegen, dann wird er auf das Wasser aufkommen und es spritzen lassen, und dann wird er versinken, aber nicht spurlos: Er wird Wellen hervorbringen, kreisförmig wandernde Wellen, immer weiter hinaus wandernd und dabei flacher werdend, bis sie irgendwann mit dem Meer wieder eins sind.

Vielleicht ist das für manches Anliegen ein guter Weg: es so auf Gott zu werfen, weit über meine Armeslänge hinaus, in dem Vertrauen, dass es spritzen und dass es Wellen hervorbringen wird. Weil ich Gott wichtig bin. Und weil er mir wichtig ist.

Das ist ein Gerechter: nicht ein schuldlos Perfekter, sondern ein Gottsucher, ein Gott-Liebender. Jemand, dessen Leben in der Sorge nicht nur um das eigene Wohl, sondern auch in der Sorge um Gott lebt.

Einen solchen wird Gott versorgen. Einen solchen wird Gott in Ewigkeit nicht wanken lassen.
Da wird das Anliegen ein Gemeinsames: Der Mensch will Gott nicht nur als Lückenbüßer benutzen, sondern als lebendigen Herrn sichtbar sein lassen.
Und Gott will den Menschen nicht im Stich lassen. Er soll nicht wanken wie ein Papierboot im Wasser, das nur für kurze Zeit aushält. Sondern wie ein Segelboot soll der Mensch durch die Wellen des Lebens segeln, den Wind spüren und in Kraft verwandeln, im Wasser tanzen, aber nicht gefährlich wanken.

Das Leben ist eine gemeinsame Fahrt. Das macht es so spannend – aber auch so vertrauensvoll.

Felizitas Muntanjohl

Ich werde nicht sterben, sondern leben

(Psalm 118)

Der Herr ist meine Stärke und mein Lied
und ist mein Heil.
Man singt mit Freuden vom Sieg
in den Hütten der Gerechten:
Die Rechte des Herrn behält den Sieg!
Ich werde nicht sterben, sondern leben
und des Herrn Werke verkündigen.
Der Herr züchtigt mich schwer;
aber er gibt mich dem Tode nicht preis.

Psalm 118,14–15+17–18

Auf der Sonnenseite des Lebens lässt es sich gut feiern. Aber das Singen vergeht uns leicht, wenn sich der Schatten des Lebens auf uns legt: Verlust und Kummer, Schmerz und Todesnähe. Da verstummt das Lied, die Freude wird zur Klage.
In diesem Psalm haben wir einen Menschen uns gegenüber, der auf erstaunliche Weise die Freude nicht verloren hat, obwohl er sich als geschlagen erlebt. Er singt vom Sieg des Lebens, obwohl er dem Tod nahe ist. Wieso kann er das?

Er hat die Erfahrung des gelebten Lebens so tief eingegraben in sich, dass sie ihn auch in der Todesnähe trägt. Er hat den stärkenden Gott in seinem Leben so oft erfahren, dass ihn nun seine Schwäche nicht wirklich erschrecken kann. Er hat gelernt, Gottes Lob zu singen, auch in dem unspektakulär einfachen Leben. Um Gott loben zu können, muss man keinen Porsche fahren. Und man braucht keine Villa zu bewohnen, um Gottes Macht im eigenen Leben zu erfahren. »Man singt mit Freuden vom Sieg in den Hütten der Gerechten«, nicht im Palast der Könige. Man singt dort, wo man den Geschmack des Brotes zu schätzen weiß und den Geruch von Babyhaut, die Zartheit einer liebevollen Berührung und den Klang einer warmen Stimme. Dann ist es auch nicht notwendig, dass ich Gott immer als mir freundlich zugewandt und wohltuend erlebe. Vielleicht erweist sich die Kraft des Vertrauens noch viel mehr in Situationen, die für andere geradezu als Infragestellung gesehen werden.
In schwerer Krankheit oder bei großen Verlusten meinen wir schnell, Gott habe uns im Stich gelassen oder ihn gebe es möglicherweise gar nicht. Wer aber gelernt hat, den »Gott der kleinen Dinge« zu erkennen und zu loben, der wird auch in der Not nicht ohne Trost sein.
»Der Herr ist meine Stärke und mein Lied und ist mein Heil.« Sollte das nur in leichten und netten Zeiten gelten? Wenn Gott schon länger einen Sitz in unserem Leben hatte, dann lässt er

sich auch nicht vom Unglück vertreiben. Dann kann es sogar sein, dass wir an ihm festhalten, obwohl wir ihn nicht mehr spüren. Und es sogar wagen, auch das Schwere als von ihm zugeteilt anzunehmen. »Der Herr züchtigt mich schwer.« Solch eine Aussage erschreckt uns, so wollen wir Gott nicht denken und sehen. Er muss doch ein lieber Gott sein! Sonst wollen wir ihn gar nicht haben!

Aber ist es nicht so? Eine nur liebevolle Liebe kann einen Menschen in sein Unglück laufen lassen, wenn er sich nicht selbst die Grenzen setzen kann. Manchmal kapieren wir unsere Blindheit erst, wenn wir uns die Nase an der Wand gestoßen haben. Manchmal lassen wir erst von einem oberflächlichen Immer-Mehr und Immer-Weiter ab, wenn wir an eine lebensbedrohliche Grenze gestoßen sind: einen Herzinfarkt, einen psychischen Zusammenbruch, einen Unfall. Erst dann entdecken wir, dass das wirklich Wichtige ganz woanders liegt als da, wo wir unsere ganze Energie hingelenkt haben.

Wenn das Leben an eine Grenze gekommen ist, dann entscheidet sich, was aus unserem Leben wird: Geben wir auf? Gott und uns selbst? Oder halten wir fest, dass uns dies geschieht, weil Gott unser Leben will? Weil wir gerade durch diese schwere Erfahrung zu Menschen werden sollen, die von Gott reden und singen können, weil sie ihn erst da wirklich erkannten?

Er gibt mich dem Tode nicht preis. Auch nicht der Verzweiflung, nicht der Einsamkeit, nicht der Trauer und der Wut. Dies alles kann jetzt für mich der Weg zum Leben sein. In der verfallenen Hütte meines gottsuchenden Lebens taucht Gott auf und schenkt mir neues Leben.

Felizitas Muntanjohl

Unter Gottes Schutz

(Psalm 91)

Wer unter dem Schirm des Höchsten sitzt
und unter dem Schatten des Allmächtigen bleibt,
der spricht zu dem Herrn: Meine Zuversicht und meine Burg,
mein Gott, auf den ich hoffe.
Denn er errettet dich vom Strick des Jägers
und von der verderblichen Pest.
Er wird dich mit seinen Fittichen decken,
und Zuflucht wirst du haben unter seinen Flügeln.
Seine Wahrheit ist Schirm und Schild,
dass du nicht erschrecken musst vor dem Grauen der Nacht,
vor den Pfeilen, die des Tages fliegen,
vor der Pest, die im Finstern schleicht,
vor der Seuche, die am Mittag Verderben bringt.
Denn der Herr ist deine Zuversicht,
der Höchste ist deine Zuflucht.
Es wird dir kein Übel begegnen,
und keine Plage wird sich deinem Hause nahen.
Denn er hat seinen Engeln befohlen,
dass sie dich behüten auf allen deinen Wegen,
dass sie dich auf den Händen tragen
und du deinen Fuss nicht an einen Stein stossest.

Psalm 91,1–6+9–12

Jahrhunderte sind über dieses Kloster hinweggegangen. Abseits der großen Straßen auf einem kleinen Berg gelegen, wurde in ihm Tag für Tag Gottesdienst gefeiert. Doch mit der Zeit wurde die Leidenschaft des Glaubenslebens geringer und man munkelte, dass die dort lebenden Nonnen in Wirklichkeit das ausgelassene Leben feierten, das man ihnen mit dem erzwungenen Eintritt ins Kloster hatte verwehren wollen. Nun nutzten die wohlhabenden Frauen ihre Unabhängigkeit und Abgeschiedenheit für ein vergnügtes Spiel von Leben.

Im Zuge der napoleonischen Reformen wurde das Kloster geschlossen und verfiel. Dann aber erwachte ein neues Interesse an Liturgie auch im protestantischen Raum und Gruppen der Liturgischen Bewegung siedelten sich dort an, um neues geistliches Leben erfahrbar zu machen.

Als ein Feuer das derart wiederbelebte Klostergebäude zerstörte, schien der Weg abgebrochen. Aber praktisch geschah das Gegenteil: Der Ort erhielt so schnelle und großzügige Unterstützung für den Wiederaufbau, dass das Kloster schöner als je erstand.

Unter Gottes Schutz entsteht geistliches Leben immer neu. Auch aus Ruinen kann neues Leben wachsen. Auch Gleichgültigkeit und Zerstörungswut der Menschen können Gottes Weg nicht hindern. Ja, es gibt Krankheit und Gewalt, es gibt Zerstörung und Hinterlist. Der Glaubende aber lässt sich nicht bestimmen von der Angst, sondern vom Vertrauen. Der Glaubende birgt sich in den Mauern von Gottes Schutz und unter den Flügeln seiner schützenden Liebe.

Der Glaubende weiß um die Gefahr, aber er öffnet ihr nicht die Tür der Angst. Er sieht die Pfeile der Gegner fliegen und die

Seuchen entstehen und sich ausbreiten, aber er weiß auch um die Engel auf dem Weg.

Es gibt ein Sehen aus Angst und es gibt ein Sehen aus Vertrauen. Manch einer rühmt sich seines Realismus, weil er die Dummheit und Bosheit der Menschen wahrnimmt, die Gefahren von Zivilisation und Natur, den Verfall von Kultur und Ethik. Aber ist dieser Realismus schon die Wahrheit?
Es gibt auch ein Sehen von weniger Offensichtlichem, scheinbar Geringem: schon oft bewahrt worden zu sein in Gefahr ..., gesund geworden zu sein .... Hilfe gefunden zu haben ...

Es gibt ein Sehen, das den Augen der Furcht verborgen ist. Es gibt ein Sehen von Engeln, die den Realisten unsichtbar bleiben. Es gibt eine Wahrheit, die ein anderes Licht auf die Wirklichkeit wirft.

Im Vordergrund mögen die Ruinen stehen: Zeichen von Gleichgültigkeit und Verfall, von verlorener Schönheit und verdorbener Zeit. Im Hintergrund aber taucht das Neue auf. Wer sich auf Gott verlässt, sieht auch das neu Erstehende, die Frucht der Hoffnung und des Vertrauens.

Das Auge der Angst sieht die unmittelbare Gefahr. Das Auge des Vertrauens kann schon sehen, was noch nicht sichtbar ist: was entstehen kann, weil Gott unsere Zuversicht bleibt.

Felizitas Muntanjohl

Im
Alter
nicht verlassen

Mein Leben ist hingeschwunden im Kummer

(Psalm 31)

Herr, sei mir gnädig, denn mir ist Angst!
Mein Auge ist trübe geworden vor Gram,
matt meine Seele und mein Leib.
Denn mein Leben ist hingeschwunden in Kummer
und meine Jahre in Seufzen.
Meine Kraft ist verfallen durch meine Missetat,
und meine Gebeine sind verschmachtet.
Vor all meinen Bedrängern bin ich ein Spott geworden,
eine Last meinen Nachbarn
und ein Schrecken meinen Bekannten.
Die mich sehen auf der Gasse, fliehen vor mir.
Ich bin vergessen in ihrem Herzen wie ein Toter;
ich bin geworden wie ein zerbrochenes Gefäss.
Ich aber, Herr, hoffe auf dich und spreche:
Du bist mein Gott!
Meine Zeit steht in deinen Händen.

Psalm 31,10–13+15–16a

Was auf diesem Foto so heimelig aussieht, ist in Wirklichkeit etwas ganz anderes: eine Grabhöhle. In einem Fels halb unter der Erde, mit einem Stein verschlossen. Grabnischen für die in Tücher gewickelten Toten. Damit sie nicht so bald verfallen und stinken, werden sie in Tücher gewickelt und mit wohlriechendem Balsam eingecremt. Liebende Frauen tun das, aus der Familie oder dem Freundeskreis.

Dies Grab liegt in einem Garten vor den Toren Jerusalems. Es soll Jesu Grab gewesen sein; darum jetzt der Altar und die Kerzen. Eine Geschichte nimmt da ihre Wende. Eine Wende von tiefster Einsamkeit und Qual – durch die Dunkelheit des gebrochenen Leibes und des Todes hinaus zu neuem Gottvertrauen und einer neuen Erfahrung von Zeit, erfüllter Zeit.

Aus diesem Psalm spricht die Erfahrung bitteren Leides. Im Rückblick und in der Wahrnehmung der jetzigen Schwachheit erscheint das ganze Leben wie ein einziger Sturz immer tiefer in Leiden und Angst.

Alle Kraft ist geschwunden. Leib und Seele sind matt geworden. Die Augen trübe vor lauter Tränen. Die Knochen schmerzen. Selbst Nachbarn und Bekannte ziehen sich zurück und Familie scheint es keine mehr zu geben. Keiner mag mit diesem gebrochenen Menschen zu tun haben; er ist schon vergessen wie ein Toter.

Was muss dieser Mensch schon ausgehalten haben!
Welches Elend braut sich manchmal über einem Menschen, über einer Familie zusammen, ergießt sich wie aus Kübeln, dass man nicht mehr begreifen kann, wie das auszuhalten sein mag. Und als Außenstehendem fehlen einem die Worte, erschreckt einen die Macht des Unglücks so sehr, dass man sich kaum noch hinwagt, weil man nichts zu sagen und zu tun weiß.

Umso verlassener und elender wird der arme Mensch. Wer so etwas erleben muss, wie kann der noch glauben?

Beschämend und bewundernswert darum dieses noch immer unerschütterliche Bekenntnis am Schluss: *Ich aber, Herr, hoffe auf dich und spreche: Du bist mein Gott! Meine Zeit steht in deinen Händen.*

Wie ein Leuchtturm an Glauben!
Dass dieser Mensch noch so festhalten kann an Gott! Gott als der Einzige, auf den zu vertrauen Sinn hat. Dass auch diese Zeit in Gottes Händen ist; und die Zeit, die kommt. Was auch kommen mag, es steht in Gottes Händen. Es kann sich noch einmal wenden. Und wenn nicht, ist auch dies in Gottes Hand.

Am Ende blieb auch Jesus nur dies: so sein Leben und seine Zeit in Gottes Hände legen.
Er hat sich gewünscht und gehofft, Gott würde doch noch eingreifen und sein Leben diesem grausamen Sterben entreißen.
Es geschah nicht. Und Jesus akzeptierte dies als Gottes Willen für ihn und trug das Schwere mit dem Rest an Kraft, die ihm blieb.
Sein Weg führte durch die Angst in den Tod. Das Grab mit dem schweren Stein davor.
Und doch geschah das Unvorstellbare: Die zum Salben gekommenen Frauen finden das leere Grab, begegnen dem unbegreifbar Auferstandenen.
Es wurde Erfahrung und bleibt doch immer mehr, als wir verstehen können.

Aber das möge uns auch in der schwersten und dunkelsten Zeit tragen: sagen zu können: »Du bist mein Gott! Meine Zeit steht in deinen Händen.«

Felizitas Muntanjohl

Mein Vater und meine Mutter verlassen mich

(Psalm 27)

MEIN VATER UND MEINE MUTTER VERLASSEN MICH,
ABER DER HERR NIMMT MICH AUF.
ICH GLAUBE ABER DOCH, DASS ICH SEHEN WERDE
DIE GÜTE DES HERRN IM LANDE DER LEBENDIGEN.

Psalm 27,10+13

Heimat ist dort, wo die Gräber unserer Familie sind, so hörte oder las ich einmal. Je älter ich werde, desto besser kann ich es verstehen. Die Geschichte unseres Lebens ist mit Menschen verbunden, die uns im Guten und im Schwierigen geprägt haben. Wir haben ihre Lebensweisheit mitgenommen; manches haben wir verworfen, manches haben wir erst spät verstanden und wieder aufgenommen. Manche Schwächen, die uns als Kinder und Jugendliche ärgerten, entdeckten wir später an uns wieder, als wir selber Eltern wurden.

Die Großeltern haben eine besondere Bedeutung gehabt, vielleicht eine völlig andere als für unsere Eltern.
Und je mehr Menschen aus unserem Familienkreis sterben, Großeltern, Eltern, Geschwister, Ehepartner, vielleicht sogar Kinder, desto mehr zieht es unser Herz zu diesen Orten, die als Letztes geblieben sind. Wo wir noch ein wenig so reden können, als seien sie da; wo wir noch ein Weniges da lassen können als Dank und Trauer: Blumen, Steine, Bilder.

Schwer fällt die Rückkehr ins Leben. »Bedenkt, den eignen Tod, den stirbt man nur; doch mit dem Tod der andern muss man leben«, schreibt Mascha Kaléko in ihrem traurig-schönen Gedicht »Vor meinem eignen Tod ist mir nicht bang«. Wenn der Weg zum Grab zum einzigen Weg wird, wo das eigene Leben noch spürbar wird, wenn auch nur im Schmerz, dann wird es Zeit, die Augen wieder zu erheben zu dem, wo wir als Tote und Lebende zu Hause sind.

Im hohen Alter kann gerade dieser Verlust der Eltern noch einmal zum großen Schmerz werden, zum Inbegriff des verlorenen Zuhauses.
Umso wichtiger ist es, dass wir schon im Leben begriffen und gelernt haben, dass »unsere Heimat im Himmel ist«, wie Paulus im Philipperbrief schreibt. Dass wir den Abschied von ge-

liebten Menschen vollziehen lernen in der Gewissheit, dass wir letztlich alle bei Gott aufgehoben sind, in Zeit und Ewigkeit.

Und dann können wir auch den Weg zurück ins Leben wieder wagen. Für lange Zeit mögen wir das Gefühl haben, wir könnten nach diesem Verlust nie wieder froh werden, nie wieder das Leben ohne Schrecken und Angst betrachten, nie wieder einschlafen oder aufwachen ohne diesen bohrenden Schmerz.

Aber es kann sich verwandeln.
»Ich glaube aber doch, dass ich sehen werde die Güte des Herrn im Lande der Lebendigen.« Trotzig, gegen alles Fühlen hält dieser Psalm an der Überzeugung fest, dass der Tod dennoch nicht das letzte Wort hat. Und dass Gott nicht nur seine Macht im grausamen Entreißen zeigt, sondern auch und weit mehr in seiner Güte im »Land der Lebendigen«.

Wir sind noch immer zum Leben gerufen, mit Leben beschenkt. Wir haben etwas weiterzugeben von der früheren Generation zur nächsten; wir sind Menschen, die Gotteserfahrung, Lebensweisheit, Glaubensgewissheit zu erfahren und zu erlernen haben und die verantwortlich sind dafür, was weitergehen wird in die nächsten Jahrzehnte.

Gottes Güte ist nie nur Vergangenheit. Auch wenn es uns manchmal so scheinen mag. Gottes Güte ist immer auch Versprechen. Denn er wohnt mit uns im Land der Lebendigen, im Land der Zukunft.

Was wir mit uns tragen an Erinnerungen, sind Schätze, die uns bereichern, sind Lasten, die wir mitzutragen haben. Das Leben ist mehr als Erinnerungen. Es ist der Weg in Gottes Zukunft.

Felizitas Muntanjohl

Verlass mich nicht, wenn ich grau werde

(Psalm 71)

GOTT, DU HAST MICH VON JUGEND AUF GELEHRT,
UND NOCH JETZT VERKÜNDIGE ICH DEINE WUNDER.
AUCH IM ALTER, GOTT, VERLASS MICH NICHT, UND
WENN ICH GRAU WERDE, BIS ICH DEINE MACHT
VERKÜNDIGE KINDESKINDERN
UND DEINE KRAFT ALLEN, DIE NOCH KOMMEN SOLLEN.

Psalm 71,17–18

Ein alter Baum in einem frühlingsfrischen Wald. Mächtig ist sein Umfang, grob und rissig seine Rinde. Eine große Wunde fällt sofort auf, an den Rändern verheilt mit jüngerem Holz, in der Mitte das blutende Harz, doch die tiefe Verletzung kann nicht verdeckt werden, liegt offen und lässt kleine Tiere eindringen ins Innere. Die Wunde wird bleiben, wird sich nicht mehr schließen, und im Innern wird die Verwundung weiterarbeiten, aber die schützenden Kräfte auch. Und vorne, an der nicht glatt heilenden Stelle, wächst ein neuer Trieb, mehrere kleine sogar. Wie Finger ausgestreckte kleine Blätter, neugierig und lebensfroh sich dem Licht entgegenstreckend. Junges Leben aus dem alten Baum. Die Wunde geöffnet wie ein großes Ohr, in das das zarte Zittern der jungen Blätter dringt.

Ein alter Mensch hat Ähnlichkeit mit einem alten Baum: Das Leben hat seine Spuren eingegraben in seinen Körper, in seine Haut. Es ist eine andere Schönheit als die des jungen Menschen. Es ist nicht die Glattheit, die Biegsamkeit, die Frische eines jungen Körpers, der wir Schönheit zuschreiben. Es sind gerade die Spuren der Zeit, die das Aussehen prägen; es sind die Wunden, die dieser Mensch hinnehmen musste und die nur er auf diese Weise ertrug, verarbeitete, gestaltete. Es sind die Furchen der Haut, die die Gefühle zogen: das Lachen oder das Hadern, das Nachdenken oder die Arbeit im Freien – sie werden Muster im Gesicht und auf den Händen.

Ein alter Baum erzählt Geschichte – und gerade das beeindruckt uns so sehr an ihm. Ein Naturdenkmal wird er, wenn er, gespalten und doch noch immer austreibend, hunderte Jahre Geschichte in sich trägt: Naturgeschichte, Menschengeschichte. Auch ein alter Mensch ist ein Denk-Mal. Auch er trägt Geschichte in sich: Menschengeschichte, Gottesgeschichte. Auch er wird zum Träger erinnerten Lebens, gestalteten Lebens, erhofften und verletzten Lebens.

Wer sein Leben bewusst und wachen Herzens und Geistes lebte, der wird zum interessantesten Geschichtsbuch für junge Menschen: Er weiß zu erzählen, wie es ist, den Wandel der Zeiten zu erleben, sich mitzuwandeln und doch sich selbst treu zu bleiben. Er weiß zu erzählen, wie sich das anfühlt, Heimat zu verlieren und wiederzugewinnen, nach Schicksalsschlägen neu zu beginnen, im Denken und Glauben weise zu werden.

Wir fürchten uns vor dem Alter, weil wir uns nicht vorstellen können, noch immer wertvoll zu sein. Wir finden selber unsere grauen Haare peinlich, unsere müden Knochen ärgerlich, unsere Vergesslichkeit beschämend. Wir bewundern die Jungen und machen uns selber damit schlecht.

Verlass mich nicht, Gott, so wie ich fürchte, von Verwandten und Bekannten verlassen zu werden. Verlass mich nicht, Gott, wenn ich Hilfe brauche, wenn ich zu langsam werde, wenn ich nichts mehr leisten kann. Es verlassen mich ja schon so viele andere. Und ich verlasse mich ja selber schon, mag mich nicht mehr leiden.

Aber es gibt eine Lebenslinie, die auch und trotz, vielleicht sogar wegen des Alters erst sichtbar und wertvoll wird: Die Lebenslinie, die Gott mit meinem Leben webt: Das muntere Kind, das noch aus meinen Augen blitzt. – Die erwachsene Frau, die lieben und verzichten lernte, aber auch Mut und Glaubenskraft. – Der erwachsene Mann, der seine Kräfte entfaltete, aber auch seine Grenzen akzeptieren lernte. – Die alte Frau, die Güte und Fürsorge mit Witz und Stolz verband. – Der alte Mann, der Geist mit Humor und Kraft mit Herzensengagement verband. – Der alte Mensch, in dem Zeit und Ewigkeit, Welt-Erfahrung und Glaubensweisheit zusammenfinden, und der damit Kindern und Kindeskindern, aber auch Fremden Denk-Mal und Stütze wird, unvergesslich auch über den Tod hinaus bleibt.

Felizitas Muntanjohl

Abraham Joshua Heschel (1907–1972)

Auch im Alter werden sie blühen

(Psalm 92)

Der Gerechte wird grünen wie ein Palmbaum,
er wird wachsen wie eine Zeder auf dem Libanon.
Die gepflanzt sind im Hause des Herrn,
werden in den Vorhöfen unsres Gottes grünen.
Und wenn sie auch alt werden,
werden sie dennoch blühen,
fruchtbar und frisch sein,
dass sie verkündigen,
wie der Herr es recht macht;
er ist mein Fels, und kein Unrecht ist an ihm.

Psalm 92,13–16

Alte Menschen, die geistige Frische und blühendes Leben ausstrahlen, haben mich schon seit je fasziniert. Ich suchte, so weit das möglich war, Kontakt zu ihnen. Ich wollte wissen, wodurch sie sich bis ins hohe Alter ihre Hoffnung bewahrten und offen auf die Zukunft zugingen. Dabei stellte sich heraus: Sehr oft sind es spirituelle Menschen, die mich anziehen. Sie haben etwas an sich, was sie, auch wenn sie zu den Alten oder gar zu den Hochbetagten gehören, eigentümlich jung erscheinen lässt.

Der Theologe Karl Barth verstand sich noch im hohen Alter als ein Lernender, immer bereit, Neues zu erfahren und zu entdecken. So war er fähig, alte Einsichten zu korrigieren und zu ändern. Alle, die ihn persönlich kannten, bestätigen, dass Barth auch als alter Mensch innerlich jung blieb und in seiner Ausstrahlung auf andere eine große Frische und Lebendigkeit behielt.
Der jüdische Religionsphilosoph Abraham Joshua Heschel, unter dessen Vorfahren viele chassidische Rabbiner waren, sagte mit 64 Jahren von sich selbst: »Ich habe ein Talent, und das ist die Fähigkeit, außerordentlich überrascht zu sein, überrascht vom Leben, von Ideen. Das ist für mich das höchste chassidische Gebot.«
Der berühmte Dirigent und Komponist Leonard Bernstein erklärte als 70-Jähriger in einem Interview: »Ich bin jeden Morgen beim Aufstehen überrascht, dass ich da bin und dass noch immer eine Welt um mich ist, die weitergeht. Ich glaube, ohne dieses Element der Überraschung könnte ich mir nicht die Begeisterung für Leben und Kunst bewahren, die ich empfinde.«
Und der Schauspieler Sir Peter Ustinov bekannte als 82-Jähriger: »Ich bin bereit, jeden Augenblick erstaunt zu sein.«

Alle vier Personen haben etwas gemeinsam: Sie waren jeden Tag bereit, etwas Neues zu entdecken, sich vom Leben überraschen zu lassen und zu staunen. Ist es womöglich diese Lebenshaltung, die Menschen blühen lässt, auch wenn sie alt werden? Meint der Psalm Menschen mit der Fähigkeit zum Staunen, wenn er von den Gerechten spricht?

Die biblisch-christliche Tradition ermutigt dazu, das Altwerden nicht passiv als Schicksal hinzunehmen, sondern es kreativ zu gestalten. Solche Religiosität ist keine Frage von Intelligenz oder außergewöhnlicher Begabung, sondern sie beruht auf dem Vermögen, zu staunen. Von Abraham Heschel habe ich gelernt, dass der eigentliche Widersacher dieser religiösen Haltung nicht etwa der Zweifel ist, sondern »Gleichgültigkeit gegenüber dem erhabenen Wunder des Lebens«. Gleichgültigkeit ist »die Wurzel der Sünde«. Daher liegt dem religiösen Menschen eins »völlig fern: Dinge für selbstverständlich zu halten und Geschehnisse als den natürlichen Ablauf der Dinge anzusehen«.

Der Psalm zeigt mir erstaunliche, zum Staunen fähige Senioren, die mit den Jahren nicht einrosten. Er spricht von Menschen, die bei Gott ihr Zuhause gefunden haben: »Die gepflanzt sind im Hause des Herrn, werden in den Vorhöfen unseres Gottes grünen. Und wenn sie auch alt werden, werden sie dennoch blühen, fruchtbar und frisch sein ...« Das wird denen verheißen, die zu den Getreuen Gottes gehören. Sie sind wie blühende Bäume, eingepflanzt im Bereich des Heiligtums, leben also in Gemeinschaft mit Gott. Sie ist es, die ihnen immer neue Lebenskräfte zuführt.

Feste Wurzeln haben, sich beheimatet fühlen: Das ermöglicht es, ein Leben lang zu wachsen. Im Zusammenhang des Psalms entdecken wir Möglichkeiten, die Gott uns gewährt. Und die Verheißung des Alters: zu blühen, fruchtbar und frisch zu sein, obwohl man alt wird.

Michael Heymel

Lebens-
weisheit
gewinnen

Der ist wie ein Baum

(Psalm 1)

Wohl dem, der nicht wandelt im Rat der Gottlosen
noch tritt auf den Weg der Sünder
noch sitzt, wo die Spötter sitzen,
sondern hat Lust am Gesetz des Herrn
und sinnt über seinem Gesetz Tag und Nacht!
Der ist wie ein Baum, gepflanzt an den Wasserbächen,
der seine Frucht bringt zu seiner Zeit,
und seine Blätter verwelken nicht.
Und was er macht, das gerät wohl.
Aber so sind die Gottlosen nicht,
sondern wie Spreu, die der Wind verstreut.
Darum bestehen die Gottlosen nicht im Gericht
noch die Sünder in der Gemeinde der Gerechten.
Denn der Herr kennt den Weg der Gerechten,
aber der Gottlosen Weg vergeht.

Psalm 1

(1. Teil) Jedes Mal, wenn ich diesen Psalm lese, denke ich: So ein Mensch möchte ich sein. Einer, der fest in der Erde verwurzelt ist und zugleich aus frischen Quellen wächst. Einer, dessen Lebenskraft sich nicht erschöpft. Das zeigt sich an den Früchten, die er hervorbringt, und an den Blättern, die nicht verwelken. Dieser Mensch ist wie ein Ölbaum, der sich immer wieder erneuert, wie alt er auch sein mag.

Vielleicht wünschen Sie sich auch, so ein Mensch zu sein. Der Psalm stellt ihn uns derart vor Augen, dass sich sein Bild immer tiefer einprägt, je öfter wir ihn meditieren. So wächst in uns die Sehnsucht, selber diesem Bild zu entsprechen.

Der Psalm beglückwünscht diesen Menschen, weil er nicht wie andere dem Zufall oder einem Windstoß preisgegeben ist. Ja, denke ich, es ist gut, wenn man so einen festen Stand gewonnen hat, ohne erstarrt zu sein. Offenbar gehört dazu eine bestimmte Grundhaltung, ein Ausgerichtetsein auf einen Bezugspunkt, der unabhängig ist von den Wechselfällen des Lebens. Für diesen Bezugspunkt steht im Psalm ein Name, genauer gesagt: die Umschreibung für den heiligen Namen Gottes: Adonaj – Herr.

Der Psalm stellt zwei Menschentypen – man könnte auch sagen: zwei Lebenshaltungen – einander gegenüber: den Gerechten oder »Bewährten« (M. Buber) und die Gottlosen bzw. Sünder und Spötter. Der Gerechte wird uns als Einzelner vorgestellt. Ihm gegenüber erscheinen die Gottlosen als die Vielen, als unbestimmte Menge. Was nun den Gerechten von den Gottlosen unterscheidet, ist die Lebensbeziehung zu Gottes Weisung. Die Gottlosen leben nicht aus der Beziehung zu Gott, sie sagen sich nicht beständig seine Weisung vor. Deshalb haben sie keine Zukunft.

Der Gerechte kann nur aus Gottes Weisung leben, indem er sich abseits hält von den Gottlosen. Das wird in Vers 1 dreifach eingeschärft und dadurch gleich am Anfang betont. Der Gerechte will also einen anderen Weg gehen als die Frevler, Sünder und Spötter, das heißt, er will anders leben. Sie leben ohne Orientierung, wurzellos, ein Windstoß genügt, sie zu zerstreuen. Im Gericht, wo jeder Mensch für sein gelebtes Leben Rechenschaft geben muss, können sie daher nicht bestehen. Sie gehören nicht zur Gemeinde der Gerechten, weil sie sich selbst durch ihre Lebensführung davon ausschließen.

Der Gerechte ist ein frommer Mensch, wie ihn der jüdische Religionsphilosoph Abraham J. Heschel charakterisiert: Seine Frömmigkeit ist eine innere Haltung des ganzen Menschen, ein Grundtenor des Lebens und eine Lebensweise. Sie verweist auf etwas jenseits ihrer selbst. Sie besteht in der Ausrichtung der Innerlichkeit auf das Heilige. Das Hauptanliegen des frommen Menschen ist Gottes Anliegen. Sein Leben ist nicht vom Selbstinteresse bestimmt, denn Frömmigkeit ist das Gegenteil von Selbstsüchtigkeit. Der fromme Mensch ist ergriffen vom Bewusstsein der Gegenwart und Nähe Gottes. Er führt ein Leben, das mit Gottes Gegenwart zusammenpasst.

Michael Heymel

Himmlischer
Liebes-Kuß
Oder
Ubung
Des
Wahren Christenthums,
Fliessend aus der Erfahrung
Göttlicher Liebe,
Mit einem weit
reichern völligern Register,
Und
von vielfältigen Druck-Fehlern corrigiret,
Vorgestellet
von
D. HENRICO Müllern,
Gewesenen Past. der Gemeinde St. Marien
in Rostock.
Mit Königl. Preuß. und Churfürstl. Brandenb. allergnädigstem Privilegio.

Und seine Blätter verwelken nicht

(Psalm 1)

Wohl dem, der nicht wandelt im Rat der Gottlosen
noch tritt auf den Weg der Sünder
noch sitzt, wo die Spötter sitzen,
sondern hat Lust am Gesetz des Herrn
und sinnt über seinem Gesetz Tag und Nacht!
Der ist wie ein Baum, gepflanzt an den Wasserbächen,
der seine Frucht bringt zu seiner Zeit,
und seine Blätter verwelken nicht.
Und was er macht, das gerät wohl.
Aber so sind die Gottlosen nicht,
sondern wie Spreu, die der Wind verstreut.
Darum bestehen die Gottlosen nicht im Gericht
noch die Sünder in der Gemeinde der Gerechten.
Denn der Herr kennt den Weg der Gerechten,
aber der Gottlosen Weg vergeht.

Psalm 1

(2. Teil) Der Gerechte, den Psalm 1 beschreibt, ist das lebendige Vorbild eines Psalmbeters. So ist der Mensch, so verhält sich der Mensch, der die Psalmen betet. Die Psalmen zielen darauf, aus der Beziehung zu Gott zu leben. Sie sind also Gebete, Preisungen für Tag und Nacht.

Ein solches Leben fängt damit an, dass ein Mensch sich gerne mit Gottes Wort beschäftigt. Er fragt gerne danach, was Gott von ihm will und welchen Weg er gehen soll. Dies zeigt sich darin, wie er mit der Weisung umgeht: Er hat andauernd, zu jeder Tageszeit, mit ihr zu tun, die Worte der Weisung begleiten ihn überall. Am Tag verlautbart er sie mit Bewusstsein. In der Nacht lässt er sie eindringen in sein Unbewusstes. Jeder kann die Erfahrung machen, dass gehörte Worte sich am tiefsten bei Nacht einprägen, wenn kein visueller Außenreiz mehr den Menschen vom Hören ablenkt.

So lernt und übt der Gerechte, mit heiligen Worten zu leben. Und das geschieht so, dass er diesen Worten immer wieder eine Stimme gibt, dass er sie laut liest, betet, meditiert. So wird ihm die Weisung tatsächlich zur täglichen Nahrung, zum Brot, zum Lebenselement, und so kann sie durch ihn hindurchgehen, ihm zu eigen werden.

Der Gerechte ist ein immerzu Lernender und Betender, dem es unentbehrlich geworden ist, Gottes Weisung in den Mund zu nehmen und zu verinnerlichen. Auf diese Weise wird sie mehr und mehr zum lebendigen Wort, zu einem Wort, das er inwendig bei sich hat.

Im Bild des Baumes, der an Wasserbächen gepflanzt ist, sehen wir, wie der Gerechte aus der »Quelle des Lebens« (Psalm 36,10) wächst, sich entwickelt und reift. Die Worte der Weisung sind heilige Worte. Es sind Worte, durch die der Heilige

Israels zu uns spricht, der uns heiligen, das heißt an seinem Sein und Leben beteiligen will. In der Weisung gibt Gott das Leben, er bietet es uns an, indem er uns Gebote zum Leben gibt.

Das Wachsen eines Baumes geschieht langsam, es braucht viel Zeit. Aber aus der Quelle zieht der Baum seine Kraft und verwurzelt sich immer tiefer und fester in der Erde, in seinem Dasein. Mit der Zeit entfaltet sich sein Leben immer reicher.

Genauso der Gerechte. Es braucht seine Zeit, bis das Leben eines Menschen aus dem Wort Früchte trägt. Er bringt zur rechten Zeit Frucht, also nicht übereilt, nicht unzeitig, nur halb oder gar nicht ausgereift. Wie der Baum nimmt der Gerechte sich Zeit und hat Zeit zum Wachsen und Ausreifen. Das zeigen seine Früchte. Seine Lebenskraft verbraucht sich nicht, sie erschöpft sich nicht. Er erweist sich jeden Tag neu als lebendig, schöpferisch und frisch – wie die Blätter zeigen. Was er hervorbringt, gerät ihm wohl. Es gelingt ihm. Er tut nichts unnütz, er vergeudet nicht seine Kraft für nichtige Dinge.

All das zeichnet sein Leben aus, weil er eben beständig seine Kraft aus der Weisung Gottes zieht, aus ihr lebt und in ihren Worten geerdet, verwurzelt ist. Durch ihn, durch sein Dasein als dieser Mensch, schlägt die Tora Wurzeln in der Erde.

Gott kennt den Weg des Gerechten. Dieser Mensch geht nicht zufällig und beliebig seinen Weg, sondern stets unter den Augen Gottes, als »Gegenstand« göttlicher Aufmerksamkeit und Sorge. Gottes Kennen ist immer ein beteiligtes Kennen, eine Kenntnis und ein Wissen aus Betroffenheit. Der Gerechte geht also seinen Weg mit Gott. Er selbst weiß nicht, wohin dieser Weg führt. Aber Gott weiß es. Und das ist entscheidend.

Michael Heymel

An Gottes Hülf und reichem Segen
ist aller Menschen Tun gelegen.

Es ist umsonst, dass ihr früh aufsteht

(Psalm 127)

Wenn der Herr nicht das Haus baut,
so arbeiten umsonst, die daran bauen.
Wenn der Herr nicht die Stadt behütet,
so wacht der Wächter umsonst.
Es ist umsonst, dass ihr früh aufsteht
und hernach lange sitzet und esset euer Brot mit Sorgen;
denn seinen Freunden gibt er es im Schlaf.
Siehe, Kinder sind eine Gabe des Herrn,
und Leibesfrucht ist ein Geschenk.
Wie Pfeile in der Hand eines Starken,
so sind die Söhne der Jugendzeit.
Wohl dem, der seinen Köcher mit ihnen gefüllt hat!
Sie werden nicht zuschanden,
wenn sie mit ihren Feinden verhandeln im Tor.

Psalm 127

Was für ein niederdrückendes, lähmendes Gefühl: zu spüren, dass alle Arbeit und alle Wachsamkeit vor möglichen Gefahren umsonst war! Dreimal kommt dieses »umsonst« im Psalm, um uns das nachdrücklich bewusst zu machen.

Da baut sich jemand ein Haus, aber er kann den Bau nicht beenden. Oder er stirbt, bevor er einziehen kann. Oder es treten unvorhergesehene Schäden auf. Oder der Bau gelingt, aber das fertige Haus wird durch eine Naturkatastrophe zerstört. Der Psalm sagt: Wenn nicht Gott selbst das Haus baut, so mühen sich die Bauarbeiter umsonst.

Da ist eine Stadt allem Anschein nach gegen Unfälle und Angriffe von außen gut gesichert. Aber, sagt der Psalm, wenn nicht Gott selbst sie behütet, dann ist es vergeblich, dass jemand auf den Schlaf verzichtet, um auch bei Nacht auf sie aufzupassen.

Es bringt nichts, früh an die Arbeit zu gehen und bis in die Nacht hinein zu arbeiten. Alle Anstrengung führt doch nur dazu, dass man sich mit Mühe und Not ernährt und sich Sorgen macht. Aber demjenigen, den Gott liebt, gibt er im Schlaf, was der Mensch braucht. Einfach so, ohne die geringste Anstrengung, gerade dann, wenn man aufhört, etwas tun und erreichen zu wollen.

Kann denn Gott etwas tun, was wir nicht tun können? Kann er das Unvorhersehbare verhindern? Und reicht es aus, sich auf ihn zu verlassen, ohne dass man etwas tun muss? Nein, das sagt der Psalm nicht. Wir müssen schon dafür arbeiten, um in einem Haus wohnen zu können. Wir müssen uns für den Bestand der Stadt oder des Gemeinwesens einsetzen, damit wir dort ruhig und sicher leben können. Wir müssen auch etwas tun, um die Güter zu erzeugen und zu erwerben, die zum Lebensunterhalt nötig sind. Aber alle Mühe und Arbeit gewährleisten nicht den Erfolg. Ohne Gottes Segen wird nichts Gutes daraus.

»Der Segen des Herrn allein macht reich, und nichts tut eigene Mühe hinzu« (Sprüche 10,22). Wenn Sie zu den Menschen gehören, die sich selbst nur durch ihre Leistung definieren, werden Sie davon nichts wissen wollen. Aber ist das nicht genau das Problem: dass wir schlicht ignorieren oder vergessen, was unser Leben vor aller Anstrengung reich macht? Der biblische Gott sagt Ja zu uns, er spricht uns Gutes zu, eine Fülle an Lebensmöglichkeiten. Wir können da nichts hinzutun – und müssen es auch nicht. Es genügt, sie wahrzunehmen. Werden sie nicht wahrgenommen, sind alle Bemühungen um unser Haus, unsere Stadt und unseren Lebensunterhalt vergeblich.

Wenn Sie den Psalm weiterlesen, werden Sie sehen, worauf es ankommt. Siehe!, sagt der Psalm, Kinder sind eine Segensgabe Gottes. Sie sind jung und kräftig, wenn der Vater alt sein wird. Nun heißt es, Söhne seien wie Pfeile eines Kämpfers. Der Mann, der viele Söhne im Haus hat, hat gleichsam seinen Köcher gut gefüllt und kann den Feinden wehrhaft entgegentreten. Sie können ihn nicht einschüchtern oder gar überwinden.

Im zivilisierten Mitteleuropa mag diese Gefahr kaum bestehen. Aber sobald man sich eine Familie vorstellt, die zusammenhält, wird deutlich, was für ein Segen es für die Eltern ist, Kinder zu haben.
Im Hebräischen trägt der Psalm die Überschrift »Ein Stufenlied von Salomo«. Dieser König Israels wurde »Gottes Liebling« (2 Sam 12,25) genannt und war mit Reichtum und Ehre gesegnet. Nicht nur Menschen, die um ihre Lebensgrundlagen kämpfen müssen, sondern auch ein einflussreicher Mann wie Salomo wird daran erinnert: Was immer du für das gemeinsame Lebens tust, vergiss Gott nicht! Wenn du auf ihn vertraust und ihm alles anheim stellst, kannst du ruhig schlafen.

Michael Heymel

Meine Seele ist still und ruhig geworden

(Psalm 131)

HERR, MEIN HERZ IST NICHT ÜBERHEBLICH
UND MEINE AUGEN SIND NICHT STOLZ.
ICH GEHE NICHT UM MIT GROSSEN DINGEN,
DIE MIR ZU WUNDERBAR SIND.
FÜRWAHR, MEINE SEELE IST STILL
UND RUHIG GEWORDEN
WIE EIN KLEINES KIND BEI SEINER MUTTER;
WIE EIN KLEINES KIND, SO IST MEINE SEELE IN MIR.

Psalm 131,1–2

Wenn wir an den Punkt kommen, an dem wir merken, dass die Hektik des Alltags uns in eine dauernde Nervosität versetzt, wo die kreisenden Gedanken uns den Schlaf rauben und die anstürmenden Fragen, Schwierigkeiten und Anforderungen uns zermürben, wird es Zeit zum Innehalten. Im normalen Leben ist es kaum zu schaffen, sich solche Ruheinseln zu sichern. Da ist es hilfreich, an einem schönen, ruhigen Ort zusammen mit anderen und unter Anleitung das Stillewerden und Meditieren zu üben.

Mit Schrecken entdecken wir dann, dass die Unruhe längst schon nicht mehr nur außen ist, sodass wir sie nun einfach abgestellt hätten. Sondern wie aus einer finsteren Kammer tauchen Bilder und Stimmen in unserem Innern auf und verderben uns die ersehnte Stille mit ihren drückenden Erinnerungen, längst erledigt geglaubten Fragen, ihrem geradezu ungeheuerlichen Aufruhr, den sie veranstalten.

Stille werden ist schwer. Als müsste erst das innere Zimmer leer geräumt werden von altem Ballast. Stattdessen haben sich darin Gespenster eingerichtet, die wir noch gar nicht kannten oder als vertrieben glaubten.

Es braucht Zeit. Es braucht die stille Flamme einer Kerze, das selbstverständliche Blühen einer Blume, das immer wiederkehrende Wort. Es braucht möglicherweise auch Menschen, die unsere aufbrechende Geschichte anhören, unseren unglücklichen Fragen die Richtung weisen.

Dann aber kehrt langsam die Ruhe ein. Und wir beginnen zu hören: das Summen eines Käfers und das Rauschen der Blätter. Wir beginnen zu sehen: das Licht der Morgensonne und die Schönheit eines Apfels. Wir beginnen zu riechen: den Duft frischen Brotes und das nahe Wasser.

Und langsam begreifen wir: Die Schönheit des Lebens liegt in den kleinen Dingen. Die großen Ziele unseres Lebens haben uns von uns selbst entfernt; sie haben uns blind gemacht für andere und ungeduldig im Umgang. Die großen Ziele haben vielleicht Erfolg gezeigt, aber sie haben uns auch ärmer gemacht.
Am Ende werden wir nichts festhalten können von dem, was uns einmal so wichtig erschien: der Titel nicht, den wir erwarben, das geschriebene Buch nicht und die Anerkennung. Die schönen Kleider nicht und das Haus. Am Ende werden wir das Loslassen lernen müssen und das Zurückgeworfensein auf uns selbst und auf weniges Elementares.

Zu der Stille gefunden zu haben ist für die Seele das, was für den Körper das Fasten ist: ein Leerwerden und Reinigen. Wenn auch der Weg erst mal schwer ist und das Ziel zeitweise unerreichbar erscheint – am Ende ist es wie ein großes Aufatmen: So ist das also, das Leben! So schön, so einfach, so gut!
Wenn die Seele stille geworden ist wie ein Kind bei seiner Mutter, wie ein gestilltes Kind an der Brust in tiefem, wohligem, beruhigtem Dasein – dann wird etwas spürbar von dem, was die biblische Sprache mit Paradies meint: eins sein mit sich, mit der Welt und mit Gott. Für diese Zeit kann nichts mich beunruhigen, nichts mich ängstigen. Geborgen in Gott und seinem mir geschenkten Garten ist meine Seele von allem Hunger gestillt.

Es gibt ein schönes Wort, das Johannes vom Kreuz seiner mystischen Schwester Teresa von Avila geschrieben haben soll und das sie eingenäht in ihr Kleid immer mit sich trug:
Nada te turbe, nada te espante: Nichts beunruhige dich, nichts ängstige dich: Wer Gott hat, dem fehlt nichts. Gott allein genügt. Dieser Text ist schön vertont in einem Lied aus Taizé. Dieses Lied kann in schweren Zeiten eine große Hilfe sein.

Felizitas Muntanjohl

Vergänglichkeit, Sterben und Tod

Du hast mich erlöst

(Psalm 31)

In deine Hände befehle ich meinen Geist;
du hast mich erlöst, Herr,
du treuer Gott.

Psalm 31,6

Weiße Rosen – Inbegriff der Unschuld. Rein wirken sie und harmlos. In jungen Jahren lieben wir die kräftigen Farben: Rot und Blau, Gelb und Grün. Es ist die Lust auf das Leben, auf das Entdecken. Kinder greifen zu und schmecken alles, was ihnen leuchtend entgegenkommt. Mit Trotz und Enttäuschung lernen sie die Schrecken der Gefahr und des Schmerzes, die Täuschung des Anblicks, die Differenzierung des Geschmacks.

Unser ganzes Leben ist ein Weg vom Staunen zum Verstehen, vom Hineinstürzen zum Hineinwagen. Es ist ein Weg, auf dem wir lernen, die Dornen zu sehen, aber auch die reifenden Knospen. Wir lernen zuzupacken und das Leben zu gestalten. Wenn es gut geht, finden wir eine Arbeit und Aufgabe, die uns erfüllt und bei der wir uns entwickeln können. Wir lernen Beziehungen einzugehen und zu gestalten. Wenn es gut geht, finden wir einen Partner fürs Leben, werden uns Kinder geschenkt, die wir tragen, bis sie groß sind, und die uns tragen, wenn wir alt werden; dann finden wir Freunde, die uns durch alle Lebenslagen treu sind und deren Ergehen uns wichtig ist fast wie das eigene.

Wir lernen glauben. Erst naiv und hingebungsvoll wie ein Kind, erfüllt von Geschichten und der Erwartung von Wundern; später kritisch und durchdacht, weil das Leben uns herausfordert, immer wieder unser Denken und Ernstnehmen Gottes zu verändern, weil wir bemerken, wie gern wir uns selber etwas vormachen; und noch später wieder mit einer staunenden Gelassenheit, weil wir in den aktiven Jahren gerade Stillehalten und Vertrauen verloren haben, die uns erst dann als heitere Gabe wieder aufgehen. Wir lernen, wieder aus der Hand zu geben in andere Hände. Wir lernen wieder zu vertrauen, weil uns immer wieder unsere Selbstüberschätzung an Mauern rennen ließ. Wir lernen, das Glück zu erkennen, das uns einfach so vor die Füße gelegt wird.

Im Alter können wir zu einem Glauben finden, der beides vereint: die Weisheit des staunenden Kindes und die Erfahrung des durch Höhen und Tiefen gegangenen Erwachsenen. Wir können die Heiterkeit lernen, die nicht mehr alles so ernst nimmt, als müssten wir uns selbst und die ganze Welt richtig machen. Wir können den Schatz der Träume wieder hervorholen; die Wunder des Lebens betrachten, die wir so lange übergangen haben; zwischen den Wirklichkeiten wandern, die die jüngeren Erwachsenen nicht verstehen.

Einiges wird schwerer im Alter: Der Körper wird schwerfälliger und empfindlicher, er hat schon seine größte Kraft verbraucht. Der Geist behält nicht mehr so viel, aber dafür wird er wieder neugieriger und phantasievoller.
Man muss lernen, loszulassen. Aber dafür tut sich anderes auf: Man erinnert sich an viel mehr von früher. Ein reich gefülltes Bilderbuch schlägt sich auf, das man nicht müde wird zu betrachten.
Man sieht die Knospenzeit des eigenen Lebens und seufzt. Man sieht die Knospen, die nachkommen in Kindern und Enkeln oder in erreichten Zielen, die andere weiterführen – und lächelt.

Und wenn es gut geht, wird die verblühende Rose unseres Lebens weiß sein: rein geworden vom Begehren und vom Festhaltenwollen, von Bitterkeit und Eigensinn gelöst. Wenn ihre Blätter fallen, weiß sie, dass es Zeit ist und dass es gut so ist. Im Hintergrund steht ja der Himmel, von dem alles Licht und alle Wärme herkamen. Wenn es gut geht, werden wir unseren müde gewordenen Geist in Gottes Hände legen und die Erlösung aus der Zeit von ihm entgegennehmen: dankbar und frei.

Felizitas Muntanjohl

Ich gedenke der vergangenen Jahre

(Psalm 77)

Ich gedenke der alten Zeit, der vergangenen Jahre.
Ich denke und sinne des Nachts und rede
mit meinem Herzen, mein Geist muss forschen.
Wird denn der Herr auf ewig verstoßen
und keine Gnade mehr erweisen?
Ist's denn ganz und gar aus mit seiner Güte,
und hat die Verheißung für immer ein Ende?
Hat Gott vergessen, gnädig zu sein,
oder sein Erbarmen im Zorn verschlossen?
Ich sprach: Darunter leide ich,
dass die rechte Hand des Höchsten sich so ändern kann.
Darum denke ich an die Taten des Herrn,
ja, ich denke an deine früheren Wunder
und sinne über alle deine Werke
und denke deinen Taten nach.
Gott, dein Weg ist heilig.
Wo ist ein so mächtiger Gott, wie du, Gott, bist?

Psalm 77,6–14

Hat Gott vergessen, gnädig zu sein? Es gibt Zeiten, da kommt es uns gerade so vor. Beziehungen zerbrechen; eine Erkrankung trifft uns, von der wir wissen, dass sie nie mehr verschwinden wird; das Alter schränkt uns immer mehr ein in dem, was wir noch tun können ... Was ist das Leben jetzt noch? Wozu muss ich noch aushalten, wenn ich keine Hoffnung mehr habe? Warum lässt Gott mich so im Stich?

Eigentlich dachte ich, dass Gott Liebe ist. Ich habe gebetet, weil ich darauf hoffte, dass er hilft. Und jetzt fühle ich mich so einsam und verlassen, so trostlos und elend, dass meine Gedanken Tag und Nacht nur um diese Enttäuschung und diese Hoffnungslosigkeit kreisen.
Ist Gott zornig? Will er mich strafen?
Ist Gott vergesslich? Sind ihm Liebe und Güte egal geworden?
Ist Gott unzuverlässig? War es Unsinn, auf ihn zu vertrauen? »Mein Geist muss forschen« Tag und Nacht. Wie ist das mit Gott? Was kann ich glauben? Wer hat Recht – der Glaubende oder der Gottlose? Was können wir schon wissen? Es kann so oder so sein; Beweise gibt es nicht.

Es gibt nur Erfahrungswissen. Es gibt ein Erinnern, das Wirklichkeit entschlüsselt. Ich denke an Gottes frühere Taten. Wie oft hat er sich in meinem Leben als gütig erwiesen! Er hat mich in Todesgefahr bewahrt, er hat mir liebevolle Menschen geschenkt, neues Leben entstehen lassen, er hat mich aus dunklen Phasen herausgeholt ... Immer wieder erfuhr ich ihn.

Und weiter zurück: In den Erzählungen der Eltern und Großeltern aus ihrem Leben taucht er auf als die beständige Größe. In den Gesängen und Texten und Gebeten taucht er auf, Schöpfer des Kosmos, Begleiter und Mahner der Menschheit, Befreier und großer Liebender in der Geschichte Jesu und vieler seiner Anhänger und Freundinnen.

»Gott, dein Weg ist heilig.« Ein langer, rätselhafter Weg; voll großartiger Geschehnisse und Zeichen seiner Gegenwart; aber auch immer wieder Mahnungen, Warnungen und schließlich Hingeben an die Gottvergessenheit. Zeiten, wo die Gottesbeziehung nur noch in der Ferne, in der Sehnsucht, in der Trauer spürbar war. Doch auch da: Neubeginn nach langer trüber Zeit.

Der alten Zeit gedenken: Das ist mehr als ein Erinnern mit dem wehmütigen Blick, wie viel schöner es früher doch war.
Gedenken heißt, mit Achtung und Dankbarkeit erinnern: der Menschen, die meinem Leben Gestalt gaben; der Lebenswenden, die mich neu zu Gott und ins Leben lenkten; der schönen und schweren Zeiten, die mich zu dem Menschen gemacht haben, der ich jetzt bin.
Der alten Zeit gedenken, das heißt: die Spuren Gottes in meinem Leben aufsuchen. Manchmal glitzern sie nur verhalten auf einem mit einer Moderschicht belegten Weg. Manchmal leuchten sie am Ende eines dunklen Weges. Manchmal sind sie wie Fußabdrücke, die ich erst sehen und deuten lernen muss.
Spuren Gottes sind die Erinnerungszeichen, die mich aus der Dunkelheit in mir selbst herausführen.

Manchmal ist die Gegenwart schwer zu ertragen. Aber in jedem Moment ist auch der Reichtum der Vergangenheit enthalten; und auch der Keim der Zukunft, die wir noch nicht sehen.
Gedenken heißt die Gegenwart beleuchten mit der Vergangenheit und damit offen halten für die Zukunft.
Gottes Weg ist heilig. Das feiern wir in der Liturgie, das besingen wir in den Liedern, dem beugen wir uns im Gebet.
Gott hat nicht vergessen, gnädig zu sein. Wir müssen nur seinem heiligen Weg nachdenken und ihm Raum geben bei uns.

Felizitas Muntanjohl

Lehre uns bedenken, dass wir sterben müssen

(Psalm 90)

Herr, du bist unsere Zuflucht für und für.
Ehe denn die Berge wurden
und die Erde und die Welt geschaffen wurden,
bist du, Gott, von Ewigkeit zu Ewigkeit.
Der du die Menschen lässest sterben und sprichst:
Kommt wieder, Menschenkinder!
Denn tausend Jahre sind vor dir wie der Tag,
der gestern vergangen ist, und wie eine Nachtwache.
Du lässest sie dahinfahren wie einen Strom,
sie sind wie ein Schlaf,
wie ein Gras, das am Morgen noch sprosst,
das am Morgen blüht und sprosst
und des Abends welkt und verdorrt.
Das macht dein Zorn, dass wir so plötzlich vergehen,
und dein Grimm, dass wir so plötzlich dahin müssen.
Denn unsere Sünde stellst du vor dich,
unsre unerkannte Sünde ins Licht vor deinem Angesicht.
Darum fahren alle unsere Tage dahin durch deinen Zorn,
wir bringen unsere Jahre zu wie ein Geschwätz.
Unser Leben währt siebzig Jahre, und wenn's hoch kommt,
so sind's achtzig Jahre,
und was daran köstlich erscheint, ist doch nur vergebliche Mühe;
denn es fährt schnell dahin, als flögen wir davon.
Wer glaubt's aber, dass du so sehr zürnest,
und wer fürchtet sich vor dir in deinem Grimm?
Lehre uns bedenken, dass wir sterben müssen,
auf dass wir klug werden.

Psalm 90

Gespenstisch ist der Tod. Von einem Moment auf den anderen verwandelt er ein Lebewesen in ein Stück verwesendes Fleisch. Was eben noch atmete und Laute von sich gab, ist mit einem Mal nur noch eine Hülle ohne Leben. Und der Verfall schreitet voran und irgendwann bleibt nichts als ein paar Knochen und ein Totenschädel, der uns blicklos anstarrt.

Wir fürchten uns vor diesem zerstörerischen Wechsel. Wir träumen von einem langen Leben und meinen: ohne Tod. Aber er holt uns doch ein. Wir wünschen Gesundheit und meinen: für immer. Aber irgendwann verliert der Körper doch seine Kraft.

Unbegreiflich, dass nach dem Tod eines nahen Menschen die Sonne wieder scheint, als sei nichts gewesen. Kaltblütig geht die Zeit darüber hinweg, während wir taumelnd durch Tag und Nacht das Unbegreifliche zu begreifen versuchen.
Wir sind wie Gras, wie verblühende Blumen. Die Zeit des Lebens ist kurz und vergeht wie im Flug.

Vor nicht so langer Zeit war es die schlimmste Vorstellung, ganz plötzlich zu sterben, unvorbereitet und ohne Abschied. Und wer einen Menschen so verlor, weiß um den Schrecken eines solchen Todes.
Für uns selber wünschen wir uns das eher so. Um nicht so lange zu leiden, um das Dunkel nicht vor uns sehen zu müssen.

In den Worten dieses Psalms schwingt ein Wissen vom Menschen, dem wir ausweichen möchten: Wir tragen viel Versäumtes mit uns, viel Schuld, auch unerkannte, verdrängte Schuld. Der Tod bedeutet, vor Gott zu stehen zu kommen mit dem ganzen Paket gelebter Zeit, an der nichts mehr zu ändern ist. Wir können niemanden mehr um Verzeihung bitten, wir können nichts wiedergutmachen, wir können keine Wandlung mehr vollziehen. Wie ein Strickmuster, in dem die Fehler eingearbeitet sind, ein Brief, der mit Schreibfehlern auf dem Postweg unterwegs ist, so ist unser Leben mit allen Fehlern zu Ende und unkorrigierbar geworden.

Es fragt sich, ob ein schneller Tod ein guter Tod ist. Ob wir nicht doch Zeit brauchen: Zeit zum Überdenken und Erinnern, Zeit zum Danken und zum Anerkennen des Vertanen, Zeit zum Verzeihen und um Verzeihung zu bitten. Zeit auch, um mit Gott ins Reine zu kommen. Was haben wir aus dem Geschenk des Lebens gemacht? Was mit unserem Körper, was mit unserem Herzen? Was mit der geschenkten Zeit? Haben wir unser Leben zugebracht wie ein Geschwätz, flüchtig und nutzlos, vielleicht sogar schädlich und ohne Sinn?

»Lehre uns bedenken, dass wir sterben müssen«, so schließt dieser Psalm, der uns auch auf dem Friedhof nachhallt, »damit wir klug werden.« Memento mori! Bedenke den Tod! Nicht, um trübsinnig zu werden, sondern weise! Damit wir erkennen, wie wertvoll das Leben ist. Damit wir eine Klugheit gewinnen, die nicht nur im Kopf stattfindet, sondern auch im Herzen, in den Händen, in den Augen. Eine Klugheit, die zum Leben hilft. Eine Klugheit, die Frieden schenkt, Frieden auch im Abschied. Frieden und Zuversicht auch auf dem Weg zur Begegnung mit dem Ewigen.

Felizitas Muntanjohl

Die
Würde
des Menschen

Was ist der Mensch?

(Psalm 8)

Wenn ich sehe die Himmel, deiner Finger Werk,
den Mond und die Sterne, die du bereitet hast:
Was ist der Mensch, dass du seiner gedenkst,
und des Menschen Kind,
dass du dich seiner annimmst?
Du hast ihn wenig niedriger gemacht als Gott,
mit Ehre und Herrlichkeit hast du ihn gekrönt.

Psalm 8,4–6

Ich entsinne mich noch gut, als ich das erste Mal als Kind mit meinen Eltern in den Bergen war: Ich stand oben auf dem Großglockner und sah von dort aus weit in die Ferne, Berge über Berge hin, und dann in die Täler mit den winzig-kleinen Häusern wie meines Bruders Märklineisenbahn-Landschaft. Kein Anblick hat mich je wieder so in der Tiefe berührt. Ich dachte: So sieht Gott die Welt; was ist da der Mensch mit all seinen Bauwerken – ein Winzling, der sich aufbläht!

Was ist der Mensch! Unbegreiflich, dass er von Bedeutung sein soll. Ein Käfer in der Landschaft, ein eingebildetes Trampeltier. Und spielt sich auf, als gehörte ihm die Welt.

Was ist der Mensch? Ein Bergrutsch, eine Schneelawine – und er ist begraben. Und doch legt er Weiden an, baut Häuser, wird ein Teil der Landschaft, der Lebewesen, gestaltet Kultur und Schönheit.

Man kann beides daraus erkennen: seine Winzigkeit und seinen Hochmut, aber auch seine Tapferkeit und seine Gestaltungskraft.

In der Bibel hat er auch beiderlei Gesichter: den dummen, boshaften Menschen, dem Gott enttäuscht die Sintflut anhängt – und den treuen Freund, mit dem Gott sich berät, auf dessen Wort und Bitten er hört, der den Tieren Namen und dem Glauben Sprache und Lieder gibt.

Es ist erstaunlich, dass ein Gott, der das Universum gestaltet und die Idee einer wunderbaren Welt hat, mit diesem trotzigen, bornierten, selbstgefälligen Menschen weiterhin etwas anfangen will.

Und doch: Wer anders sollte Gott ein Freund sein, Mitgestalter und Mitdenker? Wer sonst sollte die Herrlichkeit erkennen und loben? Wer sonst sollte eine Sprache entwickeln, die Erkenntnis, Poesie und seelische Nähe hervorbringt?
Wer anders könnte aus Elementen chemische Verbindungen herstellen, aus Energie Strom gewinnen, aus Liebe Bilder malen? Wer könnte sonst Geschichten erzählen und Seidenstoffe weben, wer könnte verletzte Tiere pflegen und Blumengärten anlegen?
Und wer könnte Kirchen bauen und Lieder und Gebete lehren, die auf die Größe Gottes hinweisen und von der Verantwortung des Menschen wissen und der Liebe immer wieder Raum schaffen?

Was ist der Mensch? Kind Gottes, der selber sich als Mensch zeigte, um uns zu lehren, was Leben sein soll: einander heilen, miteinander teilen, sich mit Gott verbinden wie mit dem Menschen neben sich.

Was ist der Mensch? Geschöpf Gottes in einer reich ausgestatteten Welt – und zugleich das Größte, was man von einem Wesen sagen kann: Kind Gottes, mit Herrlichkeit, Vernunft und Liebe ausgestattet, damit die Welt werden kann, als was sie gedacht war: Wunderwerk Gottes, Tag für Tag sehr gut.

Felizitas Muntanjohl

Behüte mich wie einen Augapfel

(Psalm 17)

Behüte mich wie einen Augapfel im Auge,
beschirme mich unter dem Schatten
deiner Flügel!

Psalm 17,8

Ist nicht der Traum von der großen Liebe vor allem dies: für jemand anderen so wichtig zu sein wie niemand sonst auf der Welt? Und den anderen so lieben zu können, dass alles andere erst in dem Licht dieser wunderbaren Begegnung richtig schön wird?

Manchmal gelingt eine solche Liebe. Oft aber bleibt diese Sehnsucht unerfüllt. Weil der andere nach der Zeit der Verliebtheit in seine Selbstbezogenheit zurückfällt, und weil ich selber an mir entdecke, dass ich zu solcher Liebe kaum fähig bin. Zu viel Angst blockiert mich, zu viel schlechte Erfahrungen schleppe ich mit, da ist ein zu großer Drang nach Selbstdarstellung, Erfolg, Bewunderung. Freilich ist mir der Partner oder die Partnerin wichtig: Er soll immer für mich da sein. Aber würde ich alles tun, damit er beziehungsweise sie sich geborgen, behütet, angenommen fühlen kann? Wer kann so lieben?

Wer das Glück hatte, solche Liebe erfahren zu haben, der kann sich wirklich glücklich schätzen. Wir brauchen, um das Leben bewältigen zu können, die Erfahrung unseres Wertes.

Manche holen sich ihre Selbstbestätigung über kurzfristige Erfolge: im Beruf, beim anderen Geschlecht, im Erreichen ehrgeiziger Ziele. Um aber ein Grundvertrauen in das Leben zu gewinnen, braucht es mehr. Sonst holt uns die Verzweiflung ein, wenn wir an die Grenze des Erfolgs stoßen: wenn die Berufstätigkeit endet, wenn wir den Partner verlieren, wenn Erkrankungen uns einschränken.
Wozu bin ich jetzt noch da? Wem bin ich jetzt noch wichtig?

Diese Fragen werden natürlich kommen, und sie kommen umso drängender, je leidenschaftlicher ich gelebt habe: geliebt, getanzt, gereist, geschrieben, musiziert, geklettert, gemanagt … Wenn die großen Freuden meines Lebens nicht mehr gelebt werden können, werde ich ihren Verlust schmerzlich spüren.

Zugleich aber sind sie auch ein Hinweis darauf, dass Gott es gut mit mir gemeint hat, weil er mir so viele schöne Erfahrungen ermöglichte.

Erst vor diesem Hintergrund wird eine solch geradezu unverschämte Bitte an Gott sagbar: *Behüte mich wie einen Augapfel im Auge, beschirme mich unter dem Schatten deiner Flügel!*

Behüte mich, Gott, als sei ich der Augapfel in deinem Auge. Bei jedem Stäubchen Gefahr umschließe mich, wie ein Augenlid das tut. Ich sehe durch dich und für dich die Schönheit dieser Welt; wer würde von ihr schwärmen, wenn nicht ich? Ich sehe durch dich und für dich die Traurigkeit und die Angst in den Augen meines Gegenübers; wer sollte trösten und beruhigen, wenn nicht ich?

Beschirme mich unter dem Schatten deiner Flügel. Unter deinem Schatten bin ich vor der sengenden Sonne des Neides, des Hasses, des Geschwätzes geschützt. Deine klaren Augen erkennen, was ich brauche, deine starken Flügel vertreiben meine Widersacher und flößen Respekt ein. Beschirme mich, als sei ich dein einziger Schützling jetzt, so sehr geliebt, so sehr beschützt, als gäbe es jetzt nichts und niemand für dich außer mir.

Unverschämt, solche Liebe zu erbitten. Kein Mensch könnte das leisten, von niemandem ist das zu verlangen.
Sollte Gott mich so lieben? Mich – in dieser Jahrmillionen-Geschichte, in diesem Geschöpf-Gewimmel auf der ganzen Welt? Ausgerechnet mich?
Ja, der Glaube wagt diese Bitte, diese Zumutung, dieses Vertrauen. Für jetzt in meiner Not bin ich Gott so wichtig wie niemand sonst. Darauf kann ich setzen.

Felizitas Muntanjohl

Schafft Recht den Armen!

(Psalm 82)

SCHAFFET RECHT DEM ARMEN UND DER WAISE
UND VERHELFT DEM ELENDEN UND BEDÜRFTIGEN
ZUM RECHT.

Psalm 82,3

Glauben heißt nicht, so ganz privat annehmen, dass es wohl so was wie Gott gibt.
Glauben ist eine Lebensform, der man anmerkt, dass ich es ernst meine damit, dass Gott der Schöpfer der Erde, der Vater und Richter aller Menschen ist.
Gott will Gerechtigkeit. Gott will Barmherzigkeit.
Das sind die Grundworte seines Willens, die durch die ganze Bibel immer wieder auftauchen, immer wieder die Zustände in seinem Volk anprangern.

Ich will eure Opfergaben nicht, ich will Gerechtigkeit!
Ich will eure süßen Lieder nicht, ich will Barmherzigkeit!
Ich will nicht in Palästen wohnen und nicht in riesigen Kirchen: Ich wohne in der Hütte der Armen, in den elenden Ecken der Waisen. Ich wohne da, wo Menschen unterdrückt und wegen ihres Rufes nach Recht ins Gefängnis gesteckt werden, ich bin bei den Gefolterten. Da sucht mich! Da könnt ihr mich sehen.

Die Heilige Elisabeth, die mit ihrem Reichtum zu den Kranken geht und ein Hospital gründet, die Orden und Diakonissenhäuser, die sich um Waisenkinder kümmern, Mutter Teresa in den Slums von Kalkutta – sie alle sind zum Beispiel geworden, dass sie den Ruf verstanden und ernst gemacht haben mit der Nachfolge.

Der edle Ritter, der für das Recht kämpft und das bedrohte Burgfräulein befreit – das Ideal des guten Kämpfers (was natürlich eher die Ausnahme war).

Die Würde des Menschen ist nicht in seiner Pracht und Schönheit zu erkennen, nicht im Wohlstand und im Erfolg.

Die Würde des Menschen ist begründet in dem liebevollen Blick, mit dem Gott den Menschen anschaut: das Kind, das

ausgesetzt wird; die Witwe, die mit ihrer Rente nicht leben kann; den Obdachlosen, der nirgendwo erwünscht ist; den Arbeitslosen, der überall nur eine Abfuhr bekommt …
In ihnen begegnen wir dem gekreuzigten Gott. In ihnen begegnen wir dem Gott, der die Erde gut gemeint hat, der den Menschen als Gegenüber schuf und nun immer wieder ihn als Gegenüber anspricht: Siehst du nicht, was ich dir zugedacht habe, und zerstörst es gedankenlos? Hörst du nicht die Schreie der Menschen, die deine Brüder und Schwestern sind, mir wichtig und wertvoll? Glaubst du, du kannst mich abspeisen mit ein bisschen Festtagsreligion?

Mein ist die Erde! Meinem Herzen nah sind die Menschen und Tiere, die diesen einmalig schön gestalteten Planeten bewohnen.
Mein bist auch du, mit deiner Vernunft, deinen Sinnen, deinen Fähigkeiten, deiner Lebenszeit.
Am Ende werde ich dich fragen: Was hast du daraus gemacht?

Wer wird von uns sagen, uns habe man als Christen erkannt? An uns verstanden, was Christsein im Ernst bedeutet? An uns die Gerechtigkeit und Barmherzigkeit Gottes erfahren?

Felizitas Muntanjohl

Gottesliebe.

Ich habe lieb dein Haus

(Psalm 26)

Herr, ich habe lieb die Stätte deines Hauses
und den Ort, da deine Ehre wohnt.

Psalm 26,8

Es gibt Orte, bei denen geht uns das Herz auf. Das können neue, ganz unbekannte Orte sein, die uns aber auf Anhieb vertraut vorkommen; nicht wegen ihrer äußeren Erscheinung – wir wissen sehr wohl, dass wir noch nie da waren; sondern weil sie unserem Inneren nah sind, weil sie etwas von uns selber ausdrücken: Die Sehnsucht nach Weite findet in ihrer Weite Raum; unsere Leidenschaftlichkeit tobt im Rauschen der Wellen; unser Ruhebedürfnis findet dort im Schatten seine stille Erfüllung. Es sind Orte, die unserer Seele verwandt sind.
Oder es sind Orte, die mit unseren Erinnerungen gefüllt sind: der Zauber der jungen Liebe in Venedig, das kindliche Spiel in den heimischen Wäldern, die erste Reise ohne Eltern in die große Welt …

Und es mag durchaus auch eine Kirche sein: vielleicht, weil sie schön ist in ihren strebenden Säulen und farbigen Fenstern. Aber vielleicht noch viel mehr, weil schon beim Eintritt etwas davon spürbar wird, dass sie bewohnt ist, in besonderer Weise bewohnt ist. Zwar schläft niemand dort und niemand kocht dort Essen. Und doch spürt man in ihren Mauern das Leben, das seit Jahrhunderten dort kommt und geht: das murmelnde Gebet der alten Frau, die ohne Familie zurückblieb; das gehetzte Rasten des Touristen, der etwas sucht, was er nicht benennen kann; die Tränen der verlassenen jungen Frau und das ehrfürchtige Staunen des Kindes. Mit all den Schicksalen sind diese Mauern gefüllt, mit so vielen Fragen sind die flackernden Kerzen bestürmt und die Fenster durchforscht worden. Wo bist du, Gott?

Und auch dies mögen wir plötzlich fühlen: dass er tatsächlich dort wohnt, in dieser beruhigenden Stille, in den liebevoll gemalten Antworten der Fenster, in der erhabenen Höhe des Turmes, in dem Brausen der Orgel. Da mag mit einem Mal seine Nähe uns gegenwärtig sein, beruhigend und Mut machend oder aufstörend und reinigend.

Ein Ort, an dem er zu finden ist, weil so viele Menschen ihn dort gesucht haben. Weil ihre Gebete ihn in ihre Mitte riefen, weil ihre Gesänge ihn zum Ehrengast machten, weil ihre Trauer seine Liebe aufs Neue erweckte.

Darum, weil seine Ehre dort wohnt, kann er auch uns dort nahekommen. Im Haus, das ihm zur Ehre erbaut wurde, kann unser fragendes Herz ihn finden, kann unser Gesang ihn schön machen.

Ich kann die Stätte seines Hauses lieb haben, weil dort meine Seele wohnen kann: Dort kann meine Sehnsucht rufen und meine Freude Klang werden, dort können meine Fragen in die Höhe steigen und meine Ratlosigkeit sich im Kerzenlicht verwandeln; dort kann meine Hoffnung Nahrung finden und mein Glaube neue Gewissheit. Dort, wo Gottes Ehre wohnt, da hat auch meine Schwachheit Raum, sich in neue Kraft zu verwandeln.

Felizitas Muntanjohl

Schmeckt und seht!

(Psalm 34)

Ich will den Herrn loben allezeit;
sein Lob soll immerdar in meinem Munde sein.
Meine Seele soll sich rühmen des Herrn,
dass es die Elenden hören und sich freuen.
Schmecket und sehet,
wie freundlich der Herr ist.
Wohl dem, der auf ihn trauet!

Psalm 34,2–3+9

Wie komme ich eigentlich dazu, Gott zu loben? Und gar noch allezeit? Danach ist mir, ehrlich gesagt, nicht immer zumute. Es hilft auch nicht, auf eine kirchliche Tradition, fromme Gebräuche oder schlicht »den Glauben« zu verweisen, den man dazu eben haben müsse.

Die Psalmen fordern mich nicht abstrakt zum Loben auf, weil Gott nun einmal an und für sich lobenswert sei. Sie sprechen konkret von Erfahrungen, die ein Mensch gemacht hat. Und aufgrund dieser Erfahrungen, von denen sich erzählen lässt, lobt er Gott. »Als ich den Herrn suchte, antwortete er mir und errettete mich aus aller meiner Furcht ... Als einer im Elend rief, hörte der Herr und half ihm aus allen seinen Nöten« (Psalm 34,5+7).

Wenn ich eine solche Erfahrung mit Gott gemacht habe, dann gibt es für mich einen inneren Grund, ihn zu loben. Als Student der Theologie meinte ich zuerst, es sei meine Aufgabe, auf dem Weg des Denkens zu Gott zu finden. Aber es ist schwer, einen Gott zu loben, zu dem man nur eine gedankliche Beziehung hat. Alles veränderte sich, als ich anfing, Gott in meinem Leben zu suchen, und mir meiner Sehnsucht bewusst wurde, ihm mitten im Leben zu begegnen.
Besonders beim Hören von Musik wurde diese Sehnsucht wachgerufen, im Miterleben von schönen Gottesdiensten, in Räumen, die erfüllt waren von heiliger Stille, aber auch an Orten, wo ich mit der Größe und Schönheit, dem Schrecklichen und zugleich Wunderbaren der Natur konfrontiert wurde.

Von Claus Westermann, meinem Lehrer im Alten Testament, hatte ich gelernt, das Loben als natürlichen Vorgang zu verstehen. Doch erst in der Begegnung mit dem Judentum ging mir auf, was es mit dem Loben Gottes auf sich hat. Ich kam zum ersten Mal mit einer Gruppe nach Israel und konnte an einer häuslichen Schabbatfeier mit Schalom Ben-Chorin teilnehmen. Unvergesslich ist mir, welche Güte und Liebenswürdigkeit dieser kleine alte Mann ausstrahlte und mit welcher Freude er die köstlichen Speisen, die für uns zubereitet worden waren, zu genießen und in den berakhót, den Segenssprüchen, als Gottesgaben zu würdigen verstand. An diesem Schabbat verband sich beides, der Genuss eines festlichen Essens mit galiläischem Wein und das Lob Gottes, zu einer lebendigen Einheit.

Hier wurde für mich sinnfällig, was es heißt, Gott zu loben. Wir sollen schmecken und sehen, wie freundlich der Herr ist. Das bedeutet: Wir sollen unsere Sinne öffnen und mit allen Sinnen wahrnehmen, wie Gott ist. Er ist der gütige Geber guter Gaben, dessen Güte man schmecken kann. Und ihn loben ist auch etwas, woran ich Geschmack finde, wenn ich aus Erfahrung weiß, wen ich da lobe: »Gott ist das Größte, das Schönste und Beste, Gott ist das Süßte und Allergewisste« (Evangelisches Gesangbuch, Lied Nr. 449,10).

Sein Lob, sagt der Psalm, »soll immerdar in meinem Munde sein«. Ja, darauf kommt es an, dass ich schmecke und fühle, wie das ist, sein Lob in den Mund zu nehmen. So kann sich auch meine Seele, alles, was mich zu einem lebendigen Menschen macht, des Herrn rühmen, von dem ich alles Gute empfange. Und das soll nicht bloß geschehen, damit ich mich wohlfühle und es allein mir dabei gut geht. Wer Gott mit seiner Lebendigkeit lobt, also mit Herz und Mund davon singt, wie freundlich er ist und was er zu unseren Gunsten getan hat, der teilt etwas mit, was anderen zur lebendigen Gotteserfahrung werden kann. Ein schöner Gesang kann uns zum Loben bewegen.

Michael Heymel

An der Hoffnung festhalten

Der im Himmel wohnt, lacht ihrer

(Psalm 2)

Warum toben die Heiden
und murren die Völker so vergeblich?
Die Könige der Erde lehnen sich auf,
und die Herren halten Rat miteinander
wider den Herrn und seinen Gesalbten:
»Lasset uns zerreissen ihre Bande
und von uns werfen ihre Stricke!«
Aber der im Himmel wohnt, lachet ihrer,
und der Herr spottet ihrer.
Einst wird er mit ihnen reden in seinem Zorn,
und mit seinem Grimm wird er sie schrecken:
»Ich aber habe meinen König eingesetzt
auf meinem heiligen Berg Zion.«
Kundtun will ich den Ratschluss des Herrn.
Er hat zu mir gesagt:
»Du bist mein Sohn, heute habe ich dich gezeugt.
Bitte mich, so will ich dir Völker zum Erbe geben
und der Welt Enden zum Eigentum.
Du sollst sie mit einem eisernen Zepter zerschlagen,
wie Töpfe sollst du sie zerschmeissen.«

Psalm 2,1–9

Beim Lesen spürt man sofort: Dieser Psalm versetzt uns mitten in ein dramatisches Geschehen. Die tobende Völkerwelt, entfesselt in wilder Wut, Machthaber, die sich auflehnen, ein himmlischer Herrscher über allen Herren, der seinen Sohn als Gegenregent einsetzt und dessen Zorn die rebellierenden Völker furchtbar treffen wird. Mitten darin die Gestalt des Gesalbten, den Gott selbst als seinen König auf dem heiligen Zionsberg einsetzt und »heute« zur Weltherrschaft bevollmächtigt. Vers 1–6 spricht der anonyme Dichter des Psalms, ab Vers 7 kommt der Maschíach (hebräisch) oder Christos (griechisch), der Gesalbte des Herrn selbst zu Wort, der an den aufständischen Völkern und ihren Königen den göttlichen Auftrag vollstrecken soll.
In der neueren Exegese hat man die Metaphern der Gewalt, die in Vers 9 verwendet werden, als rituelle Bilder aus dem ägyptischen Tempel- und Totenkult erklärt: sowohl das Schwingen des Eisenstabs wie das Zerschmettern von Tongefäßen seien rituelle Handlungen, mit denen der König das Chaos abwehrt und den Kosmos vor bösen Feinden schützt. Der Psalm sei »Ausdruck der messianischen Hoffnung der bedrängten nachexilischen Gemeinde«; man dürfe ihn daher nicht als »das Kriegsprogramm einer Großmacht« (Erich Zenger) lesen.
Mir prägt sich das »Warum« ein, mit dem der Psalm beginnt. Warum lehnen sich die Völker und ihre Machthaber gegen Gott und seinen Gesalbten auf? Das ist die erstaunte Frage derer, die die messianische Hoffnung der Juden teilen. So fragen Menschen, die für die Welt ein anderes Regiment herbeisehnen als das von Völkern, deren Aggressivität sich kaum mehr bändigen lässt, und von Herrschern, die sich selbst für Götter halten. Spiegelt sich darin nicht auch die Realität der heutigen Welt? Ist die Hoffnung auf den, der die Weisung vom Zion (Micha 4,2) verwirklicht und die Völker zum Frieden befähigt, nicht bleibend aktuell?

Mit prophetischem Blick sieht der Psalmdichter, dass sich die rasende Wut der Nationen und ihre eitlen Reden und Vorhaben gegen Gott richten. Die Völker sind gegen ihn im Aufstand, sie wollen jene Bande zerreißen, die ein geordnetes, friedliches Zusammenleben ermöglichen.
Ich könnte sagen: »Darüber bin ich als Christ ja hinaus. Ich glaube an Jesus, der mir im Neuen Testament als Gottes Gesalbter, das heißt als der Christus bezeugt wird. Er ist derjenige, den Gott als seinen Sohn eingesetzt hat (Römer 1,4) und gegen den die Völker und Könige der Erde sich verschworen haben (Apostelgeschichte 4,25–28).«

Damit hätte ich nur schnell übersprungen, dass ich auch zu diesen Völkern gehöre. Dass einige von ihnen vor Jahrhunderten »christianisiert« wurden, heißt ja nicht, dass wir damit schon ein für alle Mal frei wären von jener wilden Wut, die sich gegen Gott richtet, und jenes »Murren«, jene aufsässigen Reden und Gedanken, die nichts mit Gottes Weisung im Sinn haben, uns völlig fremd wären.

Nein, so schnell bin ich nicht heraus aus der Dramatik, in die mich dieser Psalm verwickelt (und den mir die Kirche ausgerechnet in der Liturgie der Christvesper zumutet). Ich muss mich mitten im Weltgeschehen der Frage stellen: Was ist mit meiner Wut auf Gott? Wo zeigen sich ihre Spuren bei mir und in meiner zivilisierten Nation? Was reden und denken wir, worin sich im Grunde nur Eitles äußert und was nicht das Geringste zu einem Leben in Frieden zwischen den Völkern beiträgt? Wenn der wahre Herrscher der Welt kommt, wie klein und zerbrechlich werden die Völker und ihre Machthaber vor ihm dastehen! Und wenn er sein Zepter schwingt: was wird dann bei mir und meiner Nation in Stücke zerspringen?

Michael Heymel

Macht die Tore weit!

(Psalm 24)

Machet die Tore weit und die Türen
in der Welt hoch,
dass der König der Ehren einziehe!
Wer ist der König der Ehre? Es ist der Herr,
stark und mächtig, der Herr, mächtig im Streit.
Machet die Tore weit und die Türen
in der Welt hoch,
dass der König der Ehren einziehe!

Psalm 24,7–10

Dieser Psalm ist uns vor allem als Adventslied bekannt: als Lied Nr. 1 im Evangelischen Gesangbuch. Überall, wo in der Adventszeit gesungen wird, darf dieses Lied nicht fehlen.

Es ist ein frohes, verheißungsvolles Lied, das von der Ankunft Gottes in unserem Land, in unseren Häusern singt. Es schwingt von freudiger Erwartung. Und wer als Fremder an unseren Häusern vorbeikäme, würde wohl auch aus dem vielen Schmuck und den Lichtern in Fenstern und Türen schließen, dass hier ein großes, heiteres Fest vorbereitet wird, vermutlich eine Hochzeit.

Und so sollte es ja auch sein. Schön wie eine Hochzeit müsste es sein, wenn der König der Ehre einziehen will, heiter und staunend, wenn er als Kind in unseren Häusern geboren würde. Die Fenster müssten etwas widerspiegeln von der himmlischen Freude. Die Türen müssten erwartungsvoll geöffnet werden in Erwartung des großen Gastes.

Vor allem aber müsste das Herz aufgehen und sich öffnen. Es müsste sich der Himmel in den Augen spiegeln, die Freude des Beschenktseins zur Freude am Schenken werden. Dann wäre Advent erlebbar. Macht die Tore auf, die Tore des Herzens! Hier will Gott einziehen.

Felizitas Muntanjohl

Wir werden sein wie die Träumenden

(Psalm 126)

Wenn der Herr die Gefangenen Zions erlösen wird,
dann werden wir sein wie die Träumenden.
Dann wird unser Mund voll Lachens
und unsere Zunge voll Rühmens sein.
Dann wird man sagen unter den Heiden:
Der Herr hat Grosses an ihnen getan!
Der Herr hat Grosses an uns getan; des sind wir fröhlich.
Herr, bringe zurück unsere Gefangenen,
wie du die Bäche wiederbringst im Südland.
Die mit Tränen säen, werden mit Freuden ernten.
Sie gehen hin und weinen und streuen ihren Samen
und kommen mit Freuden und bringen ihre Garben.

Psalm 126,1–6

Wir verbringen zum Schreiben einige Tage in einem winzigen Dorf in den Schweizer Bergen. Als wir ankamen, fiel mir zuerst die klare Luft auf. Und dann das einzige Geräusch hier: das Rauschen des Gebirgsbaches. Nichts sonst ist zu hören. Und wie schon manches Mal fasziniert mich der Anblick und das gurgelnde Stürzen des Baches: Seit Jahrhunderten fließt hier das Wasser von der Höhe der Berge in die Tiefe, vereint sich mit anderen Bächen und ergießt sich schließlich in den noch frischen grünblauen Rhein, der weiterziehen wird durch unser Land, angefüllt nun auch mit Schmutz und durchfahren von Frachtschiffen, bis er sich ins Meer verströmt.

Vor 3000 Jahren war hier noch ein Gletscher bis in die Tiefe. Jetzt sind die Schneeflächen auf den Bergen klein geworden und die Bäche sommerlich-schmal. Manche Wasserläufe sind ausgetrocknet und nur noch eine Geröllhalde weist auf sie hin. Erst im nächsten Frühjahr, wenn der Winterschnee taut, werden sie wieder zu tosenden Naturgewalten anschwellen: faszinierend, erschreckend und schön.

Gefangen im Babylonischen Exil fühlten sich die Israeliten wie ein ausgetrockneter Bach: Von ihrem Tempel waren nur Trümmer geblieben, von ihrer Religion nur ein zerstreutes Häufchen Verzagter, und die Enkel begannen das geistige Erbe der Vorfahren zu vergessen und sich mit der Wirklichkeit der Heimatlosigkeit zu arrangieren.
Aber der Traum von Heimat und Freiheit klang noch in den melancholischen Liedern der Entführten. Eines Tages wird Gott die Gefangenen Zions erlösen, dann werden sie sein wie Träumende, sie werden lachen und loben und es kaum glauben können, dass der große Traum wahr wird.

Manchmal sind wir gefangen in unserem Alltag: in Arbeitsbedingungen, die uns zu Mängel-Maschinen degradieren; in Familienverhältnissen, die uns die Luft zum Atmen nehmen; in psychischen Belastungen, die uns uns selbst fremd machen. Wir träumen uns hinaus und haben doch nicht die Kraft zu gehen. Wir sind Sklaven unser selbst und lassen uns zu Sklaven machen, die nur in billiger Ablenkung und oberflächlichem Vergnügen auszusteigen wagen, um dann umso tiefer wieder in die hoffnungslose Bedrückung zu stürzen.

Und doch ist ja unser Gott ein Gott der Befreiung, war es von Beginn an: Als er Abraham aus seiner Familie herausrief in ein neues, unbekanntes Land; als er das Volk Israel aus der Sklaverei in Ägypten herausführte; als er den Leidenden und Unterdrückten als Mensch und heilender Tröster erschien ... Immer wieder ruft Gott heraus aus dem Land der Enge, sei sie in den äußeren Umständen oder in der inneren Angst. Wir müssen nur diesem Ruf in die Freiheit folgen, Gott Großes und Erlösendes zutrauen.

So wie aus der Geröllhalde wieder ein rauschender Bach wird, so soll auch unser Leben wieder fröhlich werden. Die Gefangenschaft des Herzens und der Umstände soll ein Ende haben. Noch mag es Zeit sein, mit Tränen das neue Leben zu säen, in trockenen Boden und ohne das Wissen, was das nächste Jahr bringen wird. Noch mag es sein, dass wir nur in Bedrückung unseren Alltag bewältigen.

Aber Gottes Ziel ist die Erlösung. Die Bitte: »Herr, bringe zurück unsere Gefangenen, wie du die Bäche wiederbringst im Südland!« ist umrahmt von der gewissen Überzeugung: »Die mit Tränen säen, werden mit Freuden ernten« und: »Dann wird unser Mund voll Lachens und unsere Zunge voll Rühmens sein!«

Felizitas Muntanjohl

Gott ist unsere Zuversicht und Stärke

(Psalm 46)

Gott ist unsre Zuversicht und Stärke,
eine Hilfe in den grossen Nöten, die uns getroffen haben.
Darum fürchten wir uns nicht,
wenngleich die Welt unterginge
und die Berge mitten ins Meer sänken,
wenngleich das Meer wütete und wallte
und von seinem Ungestüm die Berge einfielen.
Dennoch soll die Stadt Gottes fein lustig bleiben
mit ihren Brünnlein,
da die heiligen Wohnungen des Höchsten sind.
Gott ist bei ihr drinnen, darum wird sie festbleiben;
Gott hilft ihr früh am Morgen.
Die Heiden müssen verzagen und die Königreiche fallen,
das Erdreich muss vergehen, wenn er sich hören lässt.
Der Herr Zebaoth ist mit uns,
der Gott Jakobs ist unser Schutz.

Psalm 46,2–8

Martin Luther hat, angeregt durch den 46. Psalm, sein bekanntestes Lied gedichtet: »Ein feste Burg ist unser Gott« (Evangelisches Gesangbuch, Lied Nr. 362). Der Liedanfang nimmt Vers 8 des Psalms auf, der, wörtlich übersetzt, so lautet: »Der Herr der Heerscharen ist mit uns, eine Burg ist für uns der Gott Jakobs.« Ist das für uns heute noch ein gutes, ein überzeugendes Bild unserer Gottesbeziehung?

Der erste Teil des Psalms zeichnet das Bild einer »Stadt auf dem Berge« (Matthäus 5,14), die unerschütterlich dem Wüten des Meeres trotzt. Es ist Jerusalem, die Stadt Gottes, in der seine heilige Wohnung ist. Der Strom, der in ihr entspringt – Luther spricht von »Brünnlein« –, macht sie zu einem paradiesischen Ort des Lebens und der Geborgenheit. Gott ist bei ihr und hilft ihr. Darum brauchen sich ihre Bewohner nicht zu fürchten. Der Psalm betont: Gott ist unsere Zuflucht. Er ist unsere Festung, unsere Fluchtburg. Er schützt uns mit seinen Heerscharen vor der bedrohlichen Welt der Völker und ihrer Königreiche.
Ursprünglich hat die jüdische Gemeinde auf dem Zionsberg diesen Psalm gesungen. Sie bekennt sich vor den Völkern zu dem Gott, auf dem ihre Stärke beruht. Und sie spricht von ihm unverkennbar in kriegerischen Metaphern: Gott erscheint ihr als Zuflucht und Burg in unzugänglicher Höhe, als Herr der Heerscharen, der »mit uns« ist. Nur ein kleiner Schritt, und es wird daraus – der oberste Kriegsherr.

In dieser Form kann ich mir den Psalm nicht zu eigen machen. Ich möchte nicht meine Hoffnung auf den »Gott mit uns« setzen, der im Krieg gegen die Feinde in Anspruch genommen wird. Genauso wie die kriegerische Metaphorik des Psalms kann auch die erste Strophe von Luthers Lied missbraucht werden: als könnten wir Gott als »gute Wehr und Waffen« für unsere Ziele benutzen.

Doch gerade dort, wo Luther den Psalm neu interpretiert, wird deutlich, dass es keine Rechtfertigung dafür gibt, Gott religiös und politisch zu instrumentalisieren: »Mit unsrer Macht ist nichts getan, wir sind gar bald verloren; es streit' für uns der rechte Mann, den Gott hat selbst erkoren. Fragst du, wer der ist? Er heißt Jesus Christ, der Herr Zebaoth, und ist kein andrer Gott, das Feld muss er behalten.«

Hier liegt der Akzent ausschließlich auf dem, was Gott für uns tut. Und das hebt auch der Psalm von Anfang an hervor: Er allein ist unsre Zuversicht und Stärke, er allein ist unser Schutz gegen die bedrohliche Macht des Chaos. Wir brauchen uns nicht zu fürchten, wenn zerstörerische Mächte gegen uns wüten, weil Gott in unserer Mitte ist.

So verstanden ist dies ein Psalm der Hoffnung gegen die Furcht vor dem Bösen. In der Zeit des Dritten Reiches kam es vor, dass, während die Bekennende Gemeinde in Berlin-Dahlem den Choral »Ein feste Burg ist unser Gott« anstimmte, die Menschen draußen vor der Kirche spontan auf die Knie fielen und mit einstimmten.

Es gibt Zeiten wie diese, in denen eine Gemeinde von bösen Mächten so hart angegriffen wird, dass es scheint, die Welt ginge unter. In solchen Zeiten verleiht es uns große Widerstandskraft, wenn wir beten und singen können: »Gott ist unsre Zuversicht und Stärke« – »Ein feste Burg ist unser Gott«.
Das ist weniger ein Lied für den Einzelnen als vielmehr ein Lied für die Gemeinschaft. Ich möchte den Psalm in der Hoffnung singen, dass der Gott Jakobs für Menschen aus allen Völkern zum Schutz und zur Kraftquelle wird, die sie stärkt, den wütend brausenden Zerstörungsmächten standzuhalten.

Michael Heymel

Vom
Abend
zum Morgen

Ich liege und schlafe ganz mit Frieden

(Psalm 4)

ICH LIEGE UND SCHLAFE GANZ MIT FRIEDEN;
DENN ALLEIN DU, HERR, HILFST MIR,
DASS ICH SICHER WOHNE.

Psalm 4,9

Ruhiger Schlaf ist bei uns zu einem seltenen und kostbaren Gut geworden. In einer Radiosendung wies Günter Amendt darauf hin, dass viele Menschen in unserer Gesellschaft unter Dauerstress und Schlaflosigkeit leiden. Oft wissen sie sich nur noch mit Psychopharmaka zu helfen.

In Ruhe und Frieden schlafen zu können ist in den Psalmen ein Bild für das ungebrochene Vertrauen in Gott (vgl. Psalm 127,2). Du allein hilfst mir, sagt der Psalmbeter, dass ich sorglos wohne. Darum kann ich mit Frieden schlafen. Im Hebräischen wird dies betont an den Anfang gestellt: mit Frieden. Beschalóm jachdáw äschkewáh we-ischán: ki attáh, adonaj, lewadád lawätách – in Frieden kann ich mich hinlegen und schlafe gleich ein; denn du allein, Herr, lässt mich sorglos wohnen. Die Abgeschiedenheit ist Sicherheit, weil er bei mir ist.

Die Kirche hat diesen Psalm ins Nachtgebet vor dem Sonntag platziert. So verliert die Nacht ihren Schrecken, denn ich kann mich Gott anvertrauen und bei ihm Ruhe und Frieden finden. Wer aber zum Psalmensingen keinen Zugang findet, kann Jochen Kleppers wunderbares Abendlied singen: »Ich liege, Herr, in deiner Hut und schlafe ganz mit Frieden« (Evangelisches Gesangbuch, Lied Nr. 486). Die Melodie gönnt mir jeweils nach der Strophenhälfte eine Atempause und betont an dieser Stelle wie auch am Schluss die letzten beiden Wortsilben. So führt mich das Lied ganz behutsam durch elf Strophen hindurch in die Ruhe der Nacht:
»Du hast die Lider mir berührt. / Ich schlafe ohne Sorgen. / Der mich in diese Nacht geführt, / der leitet mich auch morgen.«

Michael Heymel

Meine Seele ist stille zu Gott, der mir hilft

(Psalm 62)

Bei Gott allein kommt meine Seele zur Ruhe;
von ihm kommt mir Hilfe.

Psalm 62,2

Lange Zeit schaffen wir es, in der Hektik des Alltags zu funktionieren: unsere Arbeit zu bewältigen, Haushalt und Familie zu organisieren, Verwandtschaft und Freunde nicht zu vernachlässigen, unliebsame Zwischenfälle ohne Wutanfall auf die Reihe zu bringen, den liebsten Menschen aufmerksames Auge und Ohr zu sein.

Doch dann plötzlich ist es wie ein überlaufendes Fass: Es ist zu viel. Lasst mich doch alle in Ruhe! Macht doch euren Kram alleine. Ich habe den schwachsinnigen Trott satt und die Launen des Chefs und das Gemäkel der Familie, und mich selber kann ich auch nicht mehr leiden mit der Gereiztheit und Unruhe, und überhaupt: Eigentlich wollte ich ganz anders sein.

Ruhe finden ist die große Sehnsucht. Schlafen können ohne Wecker. Wandern in einsamer Landschaft. Still sitzen in einer dämmrigen Kirche. Meditieren vor einer Kerze.

Doch dann kommen die Gedanken wie Stürme, die Sorgen wie knirschende Nagetiere, die Unruhe wie Spinnen auf der Haut. Die Stille bringt erst den inneren Aufruhr so recht zum Toben. Bloß jetzt nicht flüchten in den Lärm, die Geselligkeit, neues Schaffen!

Schon längst wartet Gott auf meine Rückkehr. Er schaut aus wie der Vater nach dem verlorenen Sohn, um einen freudigen Empfang auszurichten. Es ist nicht zu glauben, weil ich zu lange fort war, anderen Zielen nachgejagt habe, in Oberflächlichkeiten verloren war? Weil ich das Erbe des Glaubens vertan habe, die Tradition verspottet, die Gemeinschaft verlacht?

Trotzdem: Gott wartet auf meine Rückkehr.
Auch in meiner zugemüllten Seele ist noch der stille See des Wissens; es schläft, bis es wieder erweckt wird: das Wissen des

Kindes, das noch unverdorben ist, das Wissen des alten Menschen, das in der Tiefe heranwächst.
Auch in meinem zugestopften Zeitplan sind die Momente der stillstehenden, erfüllten Zeit, in der das absolute Glück wohnt: das Glück in einem Atemzug reiner Luft, in einer Wolke Zärtlichkeit, in einem Stillemoment, in dem die Ewigkeit erfahrbar wird.
Auch in meinem über-vernünftigen Kopf ist das Lachen heiterer Verrücktheit, das Ahnen von mehr als allem, das Staunen über Gottes Weisheit.

Gott wartet auf mich.
Zu lange habe ich nur funktioniert. Zu lange die Träume weggeschoben, die Phantasie erschlagen, den Glauben tiefgefroren. Ich ahne: Bei Gott kann mein Herz wieder auftauen, meine Seele aufwachen und ich werde wieder eins mit mir, mit dem Leben und mit Gott. Es wird Zeit:

Bei Gott allein kommt meine Seele zur Ruhe;
Von ihm kommt mir Hilfe.

Felizitas Muntanjohl

22·162·22

Gelobt sei der Herr täglich

(Psalm 68)

GELOBT SEI DER HERR TÄGLICH.
GOTT LEGT UNS EINE LAST AUF,
ABER ER HILFT UNS AUCH.

Psalm 68,20

Was gibt es da zu lachen?
Täglich dieselbe Arbeit, täglich Ärger mit den immer gleichen Leuten. Täglich in Gedanken um die Sorgen kreisen. Täglich läuft jemand über den frisch geputzten Boden, wird die Küche bekleckert, die getane Arbeit übersehen. Täglich anderer Leute Probleme lösen, täglich läuft die Zeit davon und nichts springt für mich raus.
Bin ich denn blöd? Bin ich ein Kamel, dass man mich vollladen kann mit allem Möglichen, und ich trag es ohne Protest?

Vielleicht sollte man zwischendurch wirklich mal genauer hinschauen, in welche Muster man sich da hat hineinstecken lassen. Vielleicht hat man sich wirklich dummerweise zum geduldigen Kamel gemacht. Und andere machen sich's darauf bequem. Nicht alles, was wir tragen, müssen wir selber und alleine tragen. Es ließe sich anders organisieren, gerechter verteilen oder einfach ablehnen.

Es gibt auch so noch genug, was getragen, was ertragen werden muss. Gott legt uns manchmal Lasten auf, auch über längere Zeit tägliche Lasten. Aber er hilft auch. Es sind dann keine sinnlosen Lasten. Was uns unbegreiflich schwer erscheint, kann zur größten Intensivierung von Beziehung werden. Was uns zunehmend ärgert, kann zum Wendepunkt in unserem Leben werden. Was uns ungeahnt herausfordert, kann uns stark und mutig machen.

Gelobt sei der Herr täglich. Täglich? Wofür? Für den Alltag?
Ja, auch für den Alltag. Auch dafür, dass ich meine Arbeit tun kann und nicht arbeitslos bin oder durch einen Unfall oder Krankheit unfähig und hilflos.
Auch dafür, dass Menschen mich brauchen und ich nicht einsam in meiner Wohnung sitze und warte, ob nicht doch mal das Telefon klingelt und jemand an mich denkt.

Auch dafür, dass ich die Kraft habe, tragen zu helfen, die Geduld habe, zuzuhören, die Erfahrung habe, die Rat geben kann. Auch dafür, dass ich täglich am Morgen oder am Abend den Ort der Stille kenne, an dem ich Kraft schöpfen kann; das Gebet in mir Sprache wird, die sich an Gottes Wort festhält; ein Lied in mir singt, das mir Heiterkeit schenkt.

Gelobt sei der Herr täglich. Er hilft mir. Diese beiden Sätze umrahmen den Satz von der Last.
So ist auch die Last jedes Tages umrahmt vom Lob Gottes und von seiner Hilfe.
Jedes Tages Last braucht beides: meine wache Dankbarkeit und Gottes Hilfe. Keine Last ist nur schwer und sinnlos. Keine Last muss ich ganz alleine tragen.
Ich lebe vom Lob und von der Hilfe.

Und dann kann ich auch erkennen und entscheiden, wie viel ich auf mich nehmen will und kann. Dann kann ich auch dazu kommen, zu sagen: Bis hierher und nicht weiter! Ich mache nicht meinen Körper kaputt für eine Arbeit, die auch andere mittragen könnten. Ich lasse nicht mein Inneres verkümmern, weil alle anderen meinen, darauf herumtrampeln zu können. Ich bin nicht allein verantwortlich für das Glück eines anderen und ich muss nicht die Last eines anderen mittragen, weil der andere sich in seinem Selbstmitleid so wohlfühlt. Ich bin nicht euer Kamel.

Ich bin für Gott wertvoll. Darum danke ich Gott täglich.
Und wenn er mir dann eine Last auflegt, wenn er mir dann jemanden ans Herz legt, der meine Hilfe braucht – dann will ich es tun. Er wird mir auch tragen helfen.
Auch darum lobe ich ihn täglich.

Felizitas Muntanjohl

Ich will das Morgenrot wecken

(Psalm 57)

Sei mir gnädig, Gott, sei mir gnädig!
Denn auf dich traut meine Seele,
und unter dem Schatten deiner Flügel
habe ich Zuflucht,
bis das Unglück vorübergehe.
Mein Herz ist bereit, Gott,
mein Herz ist bereit, dass ich singe und lobe.
Wach auf, meine Seele, wach auf,
Psalter und Harfe,
ich will das Morgenrot wecken!
Herr, ich will dir danken unter den Völkern,
ich will dir lobsingen unter den Leuten.
Denn deine Güte reicht, so weit der Himmel ist,
und deine Wahrheit, so weit die Wolken gehen.

Psalm 57,2+8–11

Eine seltsame Spannung liegt in der Dämmerung: Es ist nicht Tag und ist nicht Nacht, es ist ein Lichtmoment von großer Intensität und zugleich Fragilität. Man kann ihn nicht festhalten, nur kurz genießen, und schon verändert sich das Licht, die Farben, die Stimmung.
Eine seltsame Spannung liegt auch in diesem Psalmgebet. Sorge und Kummer bedrücken den Beter in der Nacht. Unglück ist über ihn gekommen und er fürchtet sich und ist ratlos, wie es weitergehen wird. Doch zugleich klingt wie ein verlässlicher Stundenschlag der vertrauensvolle Satz in der Dunkelheit mit: Auf dich traut meine Seele und unter dem Schatten deiner Flügel habe ich Zuflucht, bis das Unglück vorübergehe.
Es wird auch wieder vorübergehen, davon ist der Beter überzeugt. Sosehr ihn im Moment das Unglück bedrückt, er ist gewiss, dass es nicht so bleiben wird.
Es ist, wie wenn das Kind nach einem Sturz weinend zur Mutter läuft und sie nimmt es auf den Schoß und sagt tröstend: Es wird alles wieder gut. Und schon in ihrer Umarmung und ihrer warmen Stimme geschieht es und der Schmerz lässt nach; es beginnt schon gut zu werden.

So ist es auch für den Betenden. Noch mitten im Unglück ist das Wort des Vertrauens das heilende Wort, mit dem die Wende beginnt. Noch in der Nacht glimmt dem bei Gott Zuflucht Suchenden das beginnende Morgenlicht auf, das Licht, das hoffen lässt, das wieder klarer sehen und denken lässt, das Licht, das von Gottes Treue erzählt.
Noch in der Nacht kann der Beter die Sorgen kleiner singen, indem er sagt: Mein Herz ist bereit, Gott, mein Herz ist bereit, dass ich singe und lobe.
Mitten in der Dunkelheit und im Unglück singen und Gott loben? Es klingt leicht und ein wenig verrückt. Es erscheint uns eher schwer und nicht recht glaubhaft.

Welche Rezepte haben wir gegen die nächtliche Sorge? Lesen, Fernsehen, Tagebuch schreiben? Den Partner aufwecken, Freunde anrufen, einen heißen Tee trinken? Auch das ist möglich. Vielleicht hilft es auch.
Der Psalmbeter braucht keine technischen Hilfsmittel zur Ablenkung und belästigt nicht die Schlafenden.
Er wendet sich an den, mit dem er Freude und Leid teilt in Gebet und Gesang. Er greift zurück auf die Worte und Gesänge, die seit Generationen Menschen getragen und ermuntert haben. Und in diesen Worten liegt schon die Kraft für die Verwandlung, innen und außen.
Wach auf, meine Seele, wacht auf, Instrumente, ich will das Morgenrot wecken! Eine liebliche Vorstellung: Mit meinem Vertrauen, mit meinem Gesang kann ich das Morgenrot wecken. Indem ich aufwache zu neuer Hoffnung und neuem Dank, wird auch das Morgenrot erwachen und den Tag beginnen lassen. Es wird das Dunkel vertreiben und den Zauber neuen Lichts auf den beginnenden Tag legen. Es wird ein neuer Tag werden, an dem die Nacht der Sorgen vertrieben wird.

Ich werde Gott mit meinem Gebet, meinem Gesang wecken wie das Morgenrot. Und unzweifelhaft wird dann das Unglück vorübergehen, weil ich in seinem Schatten Zuflucht fand. Er barg mich in der bösen Zeit und hat mir Schutz und Stärke gegeben. Er wird auch den neuen Morgen, das neue Leben schenken, wo kein Unglück mehr mich schlaflos macht.
Denn Gottes Güte reicht, so weit der Himmel ist, und seine Wahrheit, so weit die Wolken gehen. Er füllt ja alles aus vom Morgen bis zum Abend. Ich werde das Morgenrot wecken – und ein neuer Tag mit Gott wird beginnen. Die Nacht der Sorgen ist nicht endlos. Gottes Güte und Wahrheit ist es, die das ganze Leben überspannt wie ein Himmel.

Felizitas Muntanjohl

Nähme ich Flügel der Morgenröte

(Psalm 139)

Herr, du erforschst mich und kennst mich.
Ich sitze oder stehe auf, so weisst du es;
du verstehst meine Gedanken von ferne.
Ich gehe oder liege, so bist du um mich
und hältst deine Hand über mir.
Diese Erkenntnis ist mir zu wunderbar und zu hoch,
ich kann sie nicht begreifen.
Wohin soll ich gehen vor deinem Geist,
und wohin soll ich fliehen vor deinem Angesicht?
Führe ich gen Himmel, so bist du da;
bettete ich mich bei den Toten, siehe, so bist du auch da.
Nähme ich Flügel der Morgenröte und bliebe am äussersten Meer,
so würde auch dort deine Hand mich führen
und deine Rechte mich halten.
Spräche ich: Finsternis möge mich decken
und Nacht statt Licht um mich sein –,
so wäre auch Finsternis nicht finster bei dir,
und die Nacht leuchtete wie der Tag. Finsternis ist wie das Licht.
Denn du hast meine Nieren bereitet
und hast mich gebildet im Mutterleibe.
Ich danke dir dafür, dass ich wunderbar gemacht bin;
wunderbar sind deine Werke; das erkennt meine Seele.
Aber wie schwer sind für mich, Gott, deine Gedanken!
Wollte ich sie zählen, so wären sie mehr als der Sand:
Am Ende bin ich noch immer bei dir.

Psalm 139,1–3a.5b–14.17a.18

Ein staunendes Gedicht ist dieser Psalm, voller Bilder, voll klangvoller Schönheit. Ein großes Wundern wird da ein dankbarer Tanz von Bild und Sprache.

Niemals und nirgendwo bin ich verlassen! So könnte man dieses Gedicht zusammenfassen. Ob ich schlafe oder wach bin, rede oder im Stillen denke – Gott weiß stets, was in mir vorgeht. Wo ich auch bin und was ich auch tue – Gott ist überall dabei und weiß, was ich tue.
Manche empfinden diesen Psalm als bedrängend; als wäre Gott der urzeitliche Big Brother, der den Menschen überwacht. Um es so zu verstehen, muss man schon vorher von einem strengen, strafenden Gottesbild bestimmt sein.
In den Beschreibungen des Psalms überwiegt das Verwundern, dass ich vom Beginn meines Lebens an und über den Tod hinaus doch immer in der Gegenwart Gottes bleibe.
Manchmal mögen wir vielleicht wirklich gerne »fliehen« bis an das Ende der Welt – so wie Jona. Weil wir erkannt haben, dass Gott etwas von uns erwartet, was wir nicht auf uns nehmen wollen. Jona wollte nicht dem fremden Volk Gottes Gericht ankündigen, weil er ihren Zorn fürchtete. Wir wollen auch nicht gerne für eine gerechte und nachhaltig fruchtbare Welt eintreten, weil wir Ärger mit Politikern und Wirtschaftsbossen fürchten, sogar schon mit Nachbarn und Verwandten, die uns als spinnerte »Grüne« beschimpfen könnten. Da gibt es schon auch bei uns so einen Drang, zu fliehen vor Gott.
Oder auch so manche nur gedanklichen oder auch praktischen Umgangsweisen mit anderen, von denen wir wissen, dass sie nicht in Ordnung sind, sähen wir lieber unbeobachtet.

Aber im Grunde wissen wir: Vor Gott können wir nicht davonlaufen. Und das ist auch gut so. Denn es bedeutet ja auch: Er kann uns nicht verloren gehen. Wir sind, was auch geschieht, in seiner Nähe. Und vor allem: Wir sind ihm wichtig!

Schon im Mutterleib, als wir gebildet wurden, war er der Schaffende! Und wie wunderbar hat er uns geschaffen! Selbst wenn wir vielleicht von unserer äußeren Schönheit nicht so überzeugt sein mögen, weil wir nicht den gängigen Idealen entsprechen, so sind wir es aber doch: erstaunlich in den Fähigkeiten, unbegreiflich im Zusammenspiel der Organe, beschenkt mit Geist und Gefühl, mit Phantasie und Kraft. Wunderbar in der Fähigkeit zu Kunst und Kultur, zu Erkenntnis und Liebe.

Wer einmal angefangen hat, über Gottes großartige Schöpfung nachzudenken, der wird aus dem Staunen nicht mehr herauskommen, von der Blume angefangen, über Mensch und Erde bis zum Kosmos und der Unendlichkeit. Das ist zum Schwindeligwerden, zu schwer für unseren Kopf.
Aber das wirklich Erstaunliche ist ja nicht diese Erkenntnis der Größe und Weisheit Gottes, sondern es ist die überaus tröstliche Erkenntnis: Wo ich auch bin, lebend oder bei den Toten – am Ende bin ich noch immer bei dir!

Felizitas Muntanjohl

Sehnsucht
nach mehr Leben

Eines hätte ich gerne

(Psalm 27)

Eines bitte ich vom Herrn, das hätte ich gerne:
Dass ich im Hause des Herrn bleiben könne
mein Leben lang,
zu schauen die schönen
Gottesdienste des Herrn
und seinen Tempel zu betrachten.
Denn er deckt mich in seiner Hütte
zur bösen Zeit,
er birgt mich im Schutz seines Zeltes
und erhöht mich auf einen Felsen.

Psalm 27,4–5

In dem winzigen Dorf Sogn Benedetg hoch in den Schweizer Bergen hat der Architekt Peter Zumthor in den 80er Jahren diese Kapelle gebaut, nachdem eine Staublawine die frühere, tiefer gelegene Kirche zerstört hatte.
Sie besticht durch ihre ungewöhnliche Form und das Material: Sie ist aus Holz gefertigt und hat die Form eines spitz zulaufenden Ovals (Lemniskate), die an ein Schiff, einen Tropfen oder ein Blatt erinnert oder an das urchristliche Symbol des Fisches. In ihrem Inneren ist sie durch das hohe Fensterband erstaunlich hell, der Innenraum wirkt zart und doch beschützend.

Irritiert und angerührt von diesem zierlichen Kirchlein fragte ich mich gleich: Kann es die langen Winter überstehen, die Stürme und Schneeabgänge? Wer sucht hier Schutz? Wer feiert hier »die schönen Gottesdienste des Herrn«? Aber erstaunlich klangvoll verstärkt es den Gesang von zweien zu vertrauensvollem Lob.
Frühmorgens um 5 Uhr läutet sie schon zum Morgengebet.

Schon immer treibt mich der Wunsch, ich möchte dort wohnen, wo eine kleine Kirche immer offen steht, wo Glocken zu hören sind und wo ich jederzeit hingehen kann mit Gesang oder Tränen.
Ich möchte mein Leben lang schöne Gottesdienste erleben, in der Betrachtung von Kirchen die Erhabenheit Gottes und den Glauben meiner Brüder und Schwestern erfahren können, ich möchte die Musik des Glaubens hören und singen, ich möchte die großen alten Worte lesen oder hören, die schon Generationen getragen haben und herausgefordert zu verantwortlichem, starkem Leben.
Ich möchte im Blumenschmuck den fröhlichen Eifer der Küsterin sehen, in dem Fürbitt-Buch mit dem Sehnen und dem Danken von Menschen aus aller Welt verbunden sein.

Ich möchte in der Dunkelheit einen Ort haben, wo alle Geister gebannt sind, und im Tageslicht einen Ort, der von mehr erzählt als den Zuständen auf der Erde. Ich möchte dorthin gehen können, wo ich überall und jederzeit den finde, von dem ich komme und zu dem ich gehe.

Ich verstehe diesen einen großen Wunsch des Psalmbeters. Manchmal ist er für längere Zeit im Hintergrund. Aber dann wieder taucht er auf und verbindet Erinnerungen an die Kindheit und die Erwartung des Alters.
Und ich freue mich, wenn ich dann mal wieder einen solchen Ort finde, wo wir zusammentreffen können: der Ewige und die Zeitliche, der Rätselhafte und die Fragende, der Schützende und die Jubelnde. Eins bitte ich: dass das immer wieder so sein kann mein Leben lang.

Felizitas Muntanjohl

Wie der Hirsch lechzt nach frischem Wasser

(Psalm 42)

Wie der Hirsch lechzt nach frischem Wasser,
so schreit meine Seele, Gott, zu dir.
Meine Seele dürstet nach Gott, nach dem lebendigen Gott.
Wann werde ich dahin kommen,
dass ich Gottes Angesicht schaue?
Meine Tränen sind meine Speise Tag und Nacht,
weil man täglich zu mir sagt: Wo ist nun dein Gott?
Daran will ich denken und ausschütten mein Herz
bei mir selbst: Wie ich einherzog in grosser Schar,
mit ihnen zu ziehen
zum Hause Gottes mit Frohlocken und Danken
in der Schar derer, die da feiern.
Was betrübst du dich, meine Seele,
und bist so unruhig in mir?
Harre auf Gott,
denn ich werde ihm noch danken,
dass er meines Angesichts Hilfe und mein Gott ist.

Psalm 42,2–6

Dieser Psalm ist wie ein Gang durch ein schweres, wechselvolles Leben. Durstig nach Leben, durstig nach Gotteserfahrung. Kann doch auch dem Glaubenden das Leben trostlos werden, zu schwer von Leid, zu schwer von ungelösten Fragen.
Mag es für einige Zeit genügt haben, Gott wie einen unsichtbar tragenden Grund zu wissen, so kann es doch mit einem Mal wie trocken Brot erscheinen, das nur noch gerade so nährt, aber doch nach frischer Nahrung, lebendiger Erfahrung ruft. Das Leid und die Fragen brauchen mehr als ein paar klug gedachte Antworten. Es braucht mehr als grundsätzliche Überzeugungen. Die Superklugen, die ewigen Spötter können zu viel entgegensetzen an zeitgemäß-glaubensleeren Beweisen. Argumente gibt es genug. Wo aber bleibt die lebendige Überzeugung, wenn das Leben zu schwer geworden ist?

Zuflucht nimmt der Beter in der Erinnerung an schöne Zeiten, als der Glaube in der Gemeinschaft noch eine freudige, erfüllende Erfahrung war. Jetzt, zurückgeworfen auf sich selbst, bleiben nur die einsamen Tränen. Aber wenn es doch einmal dies gab: Glaubensleben in einer fröhlichen Gemeinde, in prächtigem Gesang, in heiterem Fest – sollte das nicht wieder möglich sein?

Sich selbst zuredend, die eigene Seele mit hoffenden Worten beruhigend, spricht sich der Beter selber zu:

Was betrübst du dich, meine Seele,
und bist so unruhig in mir?
Harre auf Gott,
denn ich werde ihm noch danken,
dass er meines Angesichts Hilfe und mein Gott ist.

Ich werde ihm noch danken. Es ist keine Frage, es ist feste Überzeugung. So wie es jetzt den Blick zurück gibt auf gute

Zeiten, so wird es auch eines Tages den Blick zurück geben auf diese schwere Zeit – und was bleibt, wird nicht der Schmerz sein, sondern die Dankbarkeit: Gott hat geholfen. Die dunkle Erinnerung wird überleuchtet von der tröstlichen Erfahrung: Gott hat geholfen. Daran hält der Glaubende sich fest.

Und doch – wie eine neue Welle von Unglück setzt mit einem weiteren Bild das Leid wieder ein:

Mein Gott, betrübt ist meine Seele in mir,
darum gedenke ich dein aus dem Land am Jordan
und Hermon, vom Kleinen Berge.
Deine Fluten rauschen daher,
und eine Tiefe ruft die andere;
alle deine Wasserwogen und Wellen gehen über mich.

Am Tage sendet der Herr seine Güte
und des Nachts ist sein Lied bei mir,
das Gebet zu dem Gott meines Lebens.
Ich sage zu Gott, meinem Fels:
Warum hast du mich vergessen?
Warum muss ich so traurig gehen,
wenn mein Feind mich bedrängt?
Es ist wie Mord in meinen Gebeinen, wenn mich
meine Feinde schmähen und täglich zu mir sagen:
Wo ist nun dein Gott?
Was betrübst du dich, meine Seele,
und bist so unruhig in mir?
Harre auf Gott,
denn ich werde ihm noch danken,
dass er meines Angesichts Hilfe und mein Gott ist.

Psalm 42,7–12

Ach, wenn es so einfach wäre, sich zu trösten, sich zu beruhigen! Wenn das Leid aber nicht aufhören will, wenn eine Tiefe gleich die nächste ruft und der Spott einem im Innersten das Vertrauen verätzt – wie soll man dann noch an Gottes Güte glauben?
Jetzt wird der Ton schärfer. Es ist nicht irgendein Leid, das sozusagen außerhalb von Gott wäre: *Deine* Fluten rauschen daher, alle deine Wasserwogen gehen über mich hin.
Du bist es doch selbst, Gott, der mich hier im Stich lässt! Wütend enttäuscht die Frage, die schon längst Vorwurf ist: Warum hast du mich vergessen? Warum! Erkläre dich! Rechtfertige dich!

Und dann doch, wie nach einem Luftholen nach dem langen Schrei, den verzweifelten Tränen – wie ein Zurückkehren zu dem, was sonst stets trug:

Am Tag sendet der Herr seine Güte und des Nachts ist sein Lied bei mir, das Gebet zu dem Gott meines Lebens.

Es gibt dann doch auch wieder Erfahrungen seiner Güte, kleine Erfahrungen im Alltag, so leicht zu übersehen. Und in der Nacht plötzlich ein Lied in mir, ein Wiegenlied aus Kindertagen, ein Vertrauenslied der Großmutter, ein Lied, das den Schmerz und die Einsamkeit aufnimmt, zu Klang macht, schwingen, sich fortschwingen lässt. Ein Gebet, wie aus der Tiefe hervorquellend – wohin sonst sollte ich mich wenden? Ein Gebet, die tiefste Sprache der Angst und des Vertrauens. Wohin sonst mit mir?

Ganz langsam entsteht wieder der Mut machende Satz für meine Seele: Was betrübst du dich? Warte nur! Ich werde ihm noch danken!

Haben Sturm und Wellen auch mein Lebenshaus, mein ruhiges Leben um und um gewirbelt – das ist nicht das Ende. Warte nur, unruhiges Herz! Eines Tages werde ich zurückschauen auf das, was war und was daraus geworden ist – und werde danken! Weil Gott, der lebendige Gott, mein Gott, meine Hilfe ist. Das ist gewiss!

Felizitas Muntanjohl

Musikalische Vertonungen zu folgenden Bereichen

a) Die Schönheit genießen

Zu Psalm 37,4+7 a:
Heinrich Schütz (1585–1672): Habe deine Lust am Herrn. Geistliches Konzert (SWV 311). Zwei Soprane, Basso continuo (zu V.4f.1–3)
Andreas Hammerschmidt (1611–1675): Habe deine Lust an dem Herren, aus: Musikalische Andachten II 1641 Nr.15, fünf Solostimmen, fünfstimmiger Chor, Basso continuo
Dietrich Buxtehude (1637–1707): Habe deine Lust am Herrn, aus: Kantate Alles, was ihr tut, Bass-Arie, Basso continuo (zu V.4)
Felix Mendelssohn-Bartholdy (1809–1847): Sei stille dem Herrn und warte auf ihn, aus: Elias op.70 Nr.31, Arie für Alt, Flöten, Streicher (zu V.4f.7)

Zu Psalm 16,11:
Siegfried Reda (1916–1968): Vor dir ist Freude die Fülle. Dreistimmiger Kanon
»In dir ist Freude« (EG 398). Text: Cyriakus Schneegass. Melodie: Giovanni Giacomo Gastoldi
Passend sind auch folgende Gesänge aus Taizé:
Freuet euch im Herrn! (EG 789.3)
Jubilate servite. Zweistimmiger Kanon (in: 40 Gesänge aus Taizé)

Zu Psalm 145,15–16:
Adam Gumpelzhaimer (1559–1625): Aller Augen warten auf dich. Motette für Sopran und vierstimmigen Chor
Heinrich Schütz (1585–1672): Aller Augen warten auf dich. Motette aus SWV 429. Vierstimmiger Chor
Wolfgang Carl Briegel (1626–1712): Aller Augen warten auf dich. Geistliches Konzert. Sopran, Alt, Männer, 2 Instr., Basso continuo
Helmut Bornefeld (1906–1990): Aller Augen warten auf dich. Dreistimmiger Kanon (zu V.15)
»Aller Augen warten auf dich« (EG 461). Melodie und Satz: Heinrich Schütz

Zu Psalm 19,2–7:
Heinrich Schütz (1585–1672): Die Himmel erzählen. Motetten (SWV 386 und 455). Sechsstimmiger Chor (und 6 Instr. ad lib., Basso continuo)
Felix Mendelssohn-Bartholdy (1809–1847): Wie lieblich sind die Boten, die den Frieden verkündigen, aus: Paulus op.36 Nr.25. Vierstimmiger Chor, Orchester (zu V.5a)

Felix Mendelssohn-Bartholdy (1809–1847): Er hat der Sonne eine Hütte gemacht. Vierstimmiger Chor (zu V.5b–6)

b) Von Freude und Dank überfließen

Zu Psalm 23:

Heinrich Schütz (1585–1672): Der Herr ist mein Hirt. Symphoniae sacrae III (SWV 398). Sopran, Alt, Tenor (bzw. vierstimmiger Chor), 2 Violinen, Basso continuo
Georg Philipp Telemann (1681–1767): Der Herr ist mein Hirte. Motette aus »Biblische Sprüche« Bd.1. Zwei- oder dreistimmiger Chor, Instr., Orgel (zu V.1b)
Franz Schubert (1797–1828): Gott ist mein Hirt (D 706). Vierstimmiger Chor und Orgel
Antonín Dvorák (1841–1904): Gott, mein Hirte, hütet mich. Biblische Lieder op.99,4. Solo Alt, vierstimmiger Chor, Instr., Orgel
Ernst Pepping (1901–1981): Der Herr ist mein Hirte. Der 23. Psalm. Sopran und Alt
»Der Herr ist mein getreuer Hirt« (EG 274). Text: Augsburg 1531. Melodie: Johann Walter. Dieses eher spröde Lied aus der Reformationszeit ist das einzige Psalmlied zu Psalm 23 im EG. Eine sprachlich schöne neuere Version ist: »Der Herr mein Hirt!« (Der Psalter. EG reformiert 23 A). Text: Jürgen Henkys. Melodie: Genf 1551. Im romantischen Melodiestil der anglikanischen Kirche sind die beiden folgenden Lieder:
»The King of love my Shepherd is« (The English Hymnal Nr. 457). Text: H.W.Baker. Zweite Melodie: J.B.Dykes
»The Lord my Shepherd is« (The English Hymnal Nr. 459). Text: Schottischer Psalter 1650. Melodie: Jessie Irvine

Zu Psalm 27,1:

Heinrich Schütz (1585–1672): Der Herr ist mein Licht. Symphoniae sacrae II (SWV 359). 2 Tenor, 2 Viol., Basso continuo (zu V.1–3.5.6)
Henry Purcell (1659–1695): The Lord is my light. Anthem 1682–85. Solo Alt, Tenor, Bass, vierstimmiger Chor, Streicher, Basso continuo (zu V.1.3.5–7)
Georg Friedrich Händel (1685–1759): The Lord is my light. Anthem HWV 255. 11 Sätze, wechselnde Besetzung (zu V.1.3.4.7)
Christus, dein Licht (in: Gesänge aus Taizé Nr.9)
La ténèbre n'est point ténèbre devant toi (in: Gesänge aus Taizé Nr.26)

Zu Psalm 30,12–13:
Friedemann Gottschick (geb. 1928): Du hast mir meine Klage verwandelt. Motette für Sopran und vierstimmigen Chor

Zu Psalm 31,8–9:
Paul Ernst Ruppel (1913–2006): Ich freue mich und bin fröhlich. Motette für Sopran und zweistimmigen Chor (Sopran und Alt)

Zu Psalm 47,7–8:
Dietrich Buxtehude (1637–1707): Gott fähret auf mit Jauchzen. Zwei Sopran, Alt, Instr., Basso continuo (zu V.6f)
Johann Sebastian Bach (1685–1750): Gott fähret auf mit Jauchzen. Kantate BWV 43. Eingangschor, vierstimmiger Chor, Instr., Basso continuo (zu V.6f)
Kurt Thomas (1904–1973): Gott fähret auf mit Jauchzen. Motette für vierstimmigen Chor (zu V.6f)

Zu Psalm 103,1–2:
Heinrich Schütz (1585–1672): Lobe den Herrn, meine Seele. Geistliches Konzert (SWV 39), drei vierstimmige Chöre, Basso continuo (zu V.2-4)
Dietrich Buxtehude (1637–1707): Lobe den Herrn, meine Seele. Tenor, Streicher, Basso continuo (zu V.1-5)
Johann Sebastian Bach (1685–1750): Lobe den Herrn, meine Seele. Kantate BWV 69, Satz 1, vierstimmiger Chor, Instrumente, Basso continuo (zu V.2)
Felix Mendelssohn-Bartholdy (1809–1847): Alles, was Odem hat, lobe den Herrn. Lobgesang op.52 Nr.2, Solo Sopran, sechsstimmiger Chor, Orchester
»Nun lob, mein Seel, den Herren« (EG 289). Text: Johann Gramann. Melodie: geistlich Hans Kugelmann

Zu Psalm 148,1–13:
Orlando di Lasso (1530/32–1594): Laudate Dominum de coelis. Laudes Domini, 4 Teile. Sechsstimmiger Chor (zu V.1–14)
Laudate Dominum (in: Gesänge aus Taizé Nr.10 = EG 596)
Laudate omnes gentes (in: Gesänge aus Taizé Nr.23 = EG 181.6)
»Erd und Himmel sollen singen« (EG 499). Text Str.1–2: Paul Ernst Ruppel, Str.3: Paulus Stein. Melodie: Paul Ernst Ruppel nach einem Spiritual

Zu Psalm 150:
Heinrich Schütz (1585–1672): Alleluja, lobet den Herrn, aus: Psal-

men Davids. Zwei vierstimmige Chöre, Basso continuo
Johann Sebastian Bach (1685–1750): Singet dem Herrn (BWV 225). Zwei vierstimmige Chöre (zu V.2.6)
Anton Bruckner (1824–1896): Halleluja. Lobet den Herrn. Solo Sopran und achtstimmiger Chor, Orchester
Georg Friedrich Händel (1685–1759): Der Messias, Nr. 44 Chor

c) Von Angst und Schmerz bedrängt

Zu Psalm 56,9:
Felix Mendelssohn-Bartholdy (1809–1847): Saget es, die ihr erlöset seid durch den Herrn. Lobgesang op.52 Nr.4. Vierstimmiger Chor, Bläser, Streicher

Zu Psalm 73,23:
Johann Hermann Schein (1586–1630): Dennoch bleibe ich stets an dir. Motette aus: Israelsbrünnlein 1623 Nr.5 für fünfstimmigen Chor (und Basso continuo) (zu V.23f)

Zu Psalm 22,15–20:
Michael Praetorius (1571/72–1621): Mein Gott, mein Gott. Musae Sionia V 1607 Nr.CLXIII. Zwei vierstimmige Chöre (zu V.1–22)
Felix Mendelssohn-Bartholdy (1809–1847): Mein Gott, mein Gott, aus: Drei Psalmen op.78 Nr.3. Sechs Solostimmen, achtstimmiger Chor (zu V.1–9.15–17.19–28)
Felix Mendelssohn-Bartholdy (1809–1847): Die Tiefe ist versieget, aus: Elias op.70 Nr.1b. Vierstimmiger Chor, Holzbläser, Streicher (zu V.16)
Klaus Huber (geb. 1924): My God, my God, why hast thou forsaken me. Psalm of Christ 1967. Solo Bariton, 8 Bläser, Streicher (zu V.1f.10f.14f.19.26)

Zu Psalm 102,7–8:
Orlando di Lasso (1530/32–1594): Domine exaudi orationem meam. Psalmus poenitentialis V. 31 Teile. Sechsstimmiger Chor (zu V.2–29)

d) Mit Schuld fertig werden

Zu Psalm 32,1–5:
Wolfgang Carl Briegel (1626–1712): Wohl dem, dem die Übertretungen. Geistliches Konzert. Vierstimmiger Chor, Violinen, Basso continuo (zu V.1–11)

Georg Philipp Telemann: Wohl dem, dem die Übertretungen. Vierstimmiger Kanon (zu V.1)
Henry Purcell: Blessed is the whose unrighteousness is forgivin. Anthem 2, 1680. Sechs Solostimmen, vierstimmiger Chor, Basso continuo

Zu Psalm 51,3–6.12–14:
William Byrd (1543–1623): Have Mercy Upon Me, O God. Sechsstimmiger Chor, Violen (Gamben)
Michael Praetorius (1621–1671): Miserere mei Deus secundum magnam misericordiam, aus: Musarum Sioniarum motects et psalmi latini 1607, Nr. XLIX und L, drei vierstimmige Chöre (zu V.3-14)
Heinrich Schütz (1585–1672): Schaffe in mir, Gott, ein reines Herz. Geistliches Konzert (SWV 291). Sopran, Tenor, Basso Continuo
Johann Hermann Schein (1586–1630): Gott, sei mir gnädig nach deiner Güte. Motette aus: Israelbrünnlein 1623, fünfstimmiger Chor (zu V.3-21)
Andreas Hammerschmidt (1611–1675): Schaffe in mir, Gott, ein reines Herz. Sechsstimmiger Chor (zu V.12–14)
Johannes Kuhnau (1660–1722): Gott, sei mir gnädig nach deiner Güte, aus: Kantate Quinquagesimae 1705. Solo Sopran, Alt, Tenor, Bass, vierstimmiger Chor, Streicher, Fagott, Basso continuo (zu V.1–10)
Georg Philipp Telemann (1681–1767): Gott, sei mir gnädig nach deiner Güte. Kantate, Eingangschor, vierstimmiger Chor, Instrumente (zu V.3)
Johann Sebastian Bach (1685–1750): Tilge, Höchster, meine Sünden. Psalm 51 (BWV 1083) nach dem Stabat mater von Giovanni Battista Pergolesi (1710–1736). Sopran, Alt, Streicher, Basso continuo (zu V.1–20)
Felix Mendelssohn-Bartholdy (1809–1847): Gott, sei mir gnädig nach deiner Güte. Bass-Arie, aus: Paulus op.36, Nr.17
Johannes Brahms (1833–1897): Schaffe in mir, Gott, ein reines Herz op. 29,2. Fünfstimmiger Chor (zu V.12)
Die Vielfalt an Vertonungen – dies ist nur eine Auswahl – erklärt sich daraus, dass Psalm 51 in der kirchlichen Tradition als der Bußpsalm schlechthin galt.

Zu Psalm 130,1–8:
Heinrich Schütz (1585–1672): Aus der Tiefe rufe ich, aus: Psalmen Davids (SWV 25). Zwei vierstimmige Chöre, Basso Continuo
Johann Sebastian Bach (1685–1750): Aus der Tiefe. Kantate BWV 131. Solo Sopran, Alt, Tenor, Bass, vierstimmiger Chor, Instrumente, Basso Continuo

Arnold Mendelssohn (1855–1933): Aus der Tiefe rufe ich. Motette zum Buß- und Bettag op.90 VIII. Achtstimmiger Chor. Eine sehr eindrückliche spätromantische Vertonung.
Arvo Pärt (geb. 1935): De profundis (1981). Vierstimmiger Männerchor, Schlagzeug, Orgel ad libitum
Arnold Schönberg (1874–1951): Schir hama'alot: mima amakim. Psalm 130 op.50 B. Sechsstimmiger Chor (1 Sprechstimme, 5 Gesangsstimmen).

e) Bitte um Hilfe

Zu Psalm 13,2–6:
Heinrich Schütz (1585–1672): Herr, ich hoffe darauf. Kleine geistliche Konzerte II. Zwei Sopran, Basso continuo (zu V.6)
Andreas Hammerschmidt (1611–1675): Herr, wie lange willst du mein so vergessen. Musikalische Andachten II 1641 Nr.14. Fünf Solostimmen, fünfstimmiger Chor, Basso continuo (zu V.2.4.3.5)
Johannes Brahms (1833–1897): Herr, wie lange willst du mein so vergessen. Geistliche Chormusik. Dreistimmiger Frauenchor, Orgel (zu Psalm 13)

Zu Psalm 138,3:
Heinrich Schütz (1585–1672): Confitemini Domino. Cantiones sacrae. Vierstimmiger Chor (zu Psalm 138)
Henry Purcell (1659–1695): I will give thanks unto Thee. Anthem 1682. Vier Solostimmen, dreistimmiger Chor, Streicher, Basso continuo (zu V.1–8)

Zu Psalm 25,15–17:
Johann Hermann Schein (1586–1630): Wende dich zu mir. Israelsbrünnlein 1623 Nr.6. Fünfstimmiger Chor (zu V.16–18)
Georg Philipp Telemann (1681–1767): Wende dich zu mir, Motette aus: »Biblische Sprüche« Bd.2. Zwei- oder dreistimmiger Chor, Instr., Orgel (zu V.16–18)
Oculi nostri (aus: Gesänge aus Taizé Nr.11 = EG 789.5)
Der ganze Psalm 25 ist im Stundengebet der zweiten Vesper im Advent zugeordnet (Münsterschwarzacher Antiphonale III, 21ff).

f) Vertrauen wagen

Zu Psalm 37,5:

Albert Becker (1834–1899): Befiehl dem Herrn deine Wege, aus: Drei Choralmotetten op.67,1. Vierstimmiger Chor

»Befiehl du deine Wege« (EG 361), Text: Paul Gerhardt, Melodie: Bartholomäus Gesius

Zu Psalm 50,1–3:

Ludovico Grossi da Viadana (ca. 1560–1627): Gott, der Herr, der Mächtige, aus der Sammlung: Introiten und Motetten zum Kirchenjahr Bd.1. Fünfstimmiger Chor (zu V.1–6)

Johannes Petzold (1912–1985): Gott der Mächtige redet und ruft. Motette gregorianisch für vierstimmigen Chor (zu V.1–3a.4)

Zu Psalm 55,23:

Melchior Franck (ca. 1580–1639): Wirf dein Anliegen auf den Herrn. Motette für fünfstimmigen Chor

Felix Mendelssohn-Bartholdy (1809–1847): Wirf dein Anliegen auf den Herrn, aus: Elias op.70 Nr.15, Quartett m. Bläsern, Streichern und Orgel

Zu Psalm 118,14–15.17–18:

Martin Luther (1483–1546): Non moriar, sed vivam. Vierstimmiger Chor (V.17)

Ludwig Senfl (ca. 1486–1542/43): Non moriar, sed vivam. Vierstimmiger Chor (V.17)

Adam Gumpelzhaimer (1559–1625): Non moriar, sed vivam. Zweistimmiger Kanon (zu V.17)

Heinrich Schütz (1585–1672): Ich werde nicht sterben. Geistliches Konzert (SWV 346). Sopran (Tenor), 2 Violinen, Basso Continuo (V.17)

Johann Sebastian Bach (1685–1750): Man singet mit Freude. Kantate (BWV 149). Eingangschor (zu V.15–16).

Zu Psalm 91,1–6.9–12:

Johann Hermann Schein (1586–1630): Wer unter dem Schirm. Motette aus: Israelbrünnlein 1623. Sechsstimmiger Chor (zu V.1-16)

Felix Mendelssohn-Bartholdy (1809–1847): Denn er hat seinen Engeln, aus: Elias op.70 Nr.7a. Zwei Soloquartette, Holzbläser, Streicher (zu V.11f)

Mit einer schönen Antiphon zu V.11 ist dieser Psalm im Stundengebet dem Fest aller Engel oder Michaelistag am 29. September zugeordnet (Münsterschwarzacher Antiphonale III, 545f).

g) Im Alter nicht verlassen

Zu Psalm 31,11–16:

Giovanni Pierluigi Palestrina (1525/26–1594): In te speravi Domine, dixi / Tu es Deus meus. Offertorium in Dominica XIIIpost Pentecostam. Fünfstimmiger Chor (zu V.15-16a)

Zu Psalm 92,13–16:

Ludwig Senfl (ca. 1486–1542/43): Justus ut palma florebit, aus: Graduale in vigilia unius apostel. Motetten 4.Teil, vierstimmiger Chor (zu V.13f.3)

Johann Hermann Schein (1586–1630): Der Gerechte wird grünen wie ein Palmbaum. Opella nova II 1626 Nr.31, Solo Tenor, Violine, Contrabass od. Trombone, Basso Continua

»Geh aus, mein Herz« (EG 503,13+14). Text: Paul Gerhardt. Melodie: August Harder. Die beiden Strophen nehmen das Bild vom Menschen als blühendem Baum auf. Dazu passt auch eine der vielen anderen Melodien, die mit diesem Lied verbunden waren oder sind, z.B. von Nikolaus Herman (EG 143), Georg Hensel oder Nathan Söderblom.

h) Lebensweisheit gewinnen

Zu Psalm 1:

Heinrich Schütz (1585–1672): Wohl dem, der nicht wandelt, aus: Kleine geistliche Konzerte I (SWV 290). Zwei Solostimmen, Basso Continuo (zu V.1–3)

Claude Goudimel (um 1514–1572): Psalm 1 für vierstimmigen Chor »Wohl dem, der sich an Gottes Weisung hält« (Der Psalter. EG reformiert 1). Text: Detlev Block. Melodie: Straßburg 1539/Genf 1551

Zu Psalm 127:

Ludwig Senfl (ca. 1486–1542/43): Nisi dominus, aus: Motetten Teil 1, Nr.10. Fünfstimmiger Chor

Claudio Monteverdi (1567–1643): Nisi dominus. Vertonung für zwei fünfstimmige Chöre, Basso Continuo

Heinrich Schütz (1585–1672): Wo der Herr nicht das Haus baut, aus: Symphoniae sacrae III (SWV 400). Vierstimmiger Chor, Basso Continuo

Johann Rosenmüller (1619–1684): Nisi dominus (Psalm 126 bzw. 127), aus: Vespro Veneziano. Psalmen der Sonntagsvesper. Vier- bis fünfstimmiger Chor, Streichinstrumente, Basso Continuo.

»Alles ist an Gottes Segen« (EG 352), Text eines Anonymus aus dem 17. Jh. Das Lied nimmt die Botschaft von Psalm 127,1–3 auf. Die Melodie von Johann Adam Hiller schreitet gleichmäßig in Vierteln voran und verbreitet heitere Gelassenheit.

Zu Psalm 131,1–2:
Heinrich Schütz (1585–1672): Domine, non exaltatum cor meum. Cantiones sacrae. Vierstimmiger Chor (zu Psalm 131)
Nada te turbe (in: Gesänge aus Taizé Nr.50)

i) Vergänglichkeit, Sterben und Tod

Zu Psalm 31,6:
Jan Pieterszoon Sweelinck (1562–1621): In te Domine speravi. Cantiones Sacrae 1619 Nr.4 zweiteilig. Fünfstimmiger Chor, Basso continuo (zu V.2–6)
Johann Sebastian Bach (1685–1750): In deine Hände befehle ich meinen Geist, aus: Gottes Zeit ist die allerbeste Zeit. Kantate BWV 106. Duett mit EG 519. Alt, Bass, 2 Gamben, Basso continuo

Zu Psalm 77,6–14:
»Zu dem Herrn steigt auf mein Flehen« (Der Psalter. EG reformiert 77). Text: nach Matthias Jorissen. Melodie: Genf 1551. Satz: Claude Godimel

Zu Psalm 90,1–12:
Johann Hermann Schein (1586–1630): O Gott, du warst unsre Zuflucht. Motette für fünfstimmigen Chor und Basso continuo (zu V.10)
Heinrich Schütz (1685–1672): Unser Leben währet siebenzig Jahr, aus: Musikalische Exequien SWV 279. Sechsstimmiger Chor (zu V.10)
Johann Sebastian Bach (1685–1750): Ach Herr, lehre uns bedenken, aus: Gottes Zeit ist die allerbeste Zeit. Kantate BWV 106. Tenor, 2 Altblockflöten, 2 Gamben, Basso continuo (zu V.12)
Felix Mendelssohn-Bartholdy (1809–1847): Herr Gott, du bist unsre Zuflucht op.79. Achtstimmiger Chor (zu V.1f)
Ernst Pepping (1901–1981): Herr Gott, du bist unsre Zuflucht. Der 90. Psalm. Sechsstimmiger Chor
»Mitten wir im Leben sind« (EG 518). Text Str.1: nach der Antiphon »Media vita in morte sumus«. Str.2–3: Martin Luther. Melodie: Johann Walter

j) Die Würde des Menschen

Zu Psalm 8,4–6:
Heinrich Schütz (1585–1672): Herr, unser Herrscher, aus: Psalmen Davids. Zwei vierstimmige Chöre (zu V.2–10)
Samuel Scheidt (1587–1654): Herr, unser Herrscher. Zwei vierstimmige Chöre, Basso continuo (zu Psalm 8)
Felicitas Kukuck (1914–2001): Was ist der Mensch. Wo bleibst du, Trost. Sprecher, sechsstimmiger Chor, Schlagzeug (zu V.5)
»Herr, unser Herrscher« (EG 270). Text und Melodie: Johannes Petzold

Zu Psalm 17,8:
Antiphon (aus: Preisungen, S. 32f., und Münsterschwarzacher Antiphonale III, 252)

k) Gottesliebe

Zu Psalm 26,8:
Carl Heinrich Graun (1701–1759): Herr, ich habe lieb die Stätte, aus: Geistliche Chormusik, vierstimmiger Chor
Max Reger (1873–1916): Herr, ich habe lieb die Stätte, aus: Freiburger Chorbuch, vierstimmiger Chor
Kurt Thomas (1904–1973): Herr, ich habe lieb die Stätte. Motette für vierstimmigen Chor
Ubi caritas et amor (in: Gesänge aus Taizé Nr.15)

Zu Psalm 34,2–3.9:
Hans Leo Hassler (1564–1612): Benedicam Dominum. Drei vierstimmige Chöre
Michael Praetorius (1571/72–1621): Benedicam Dominum, aus: Vier lateinische Motetten ca. 1618. Sechsstimmiger Chor
Thomas Selle: Benedicam Dominum. Zwei Tenor-, zwei Bassstimmen, Basso continuo (zu V.2f)
Heinrich Schütz (1585–1672): Ich will den Herrn loben. Geistliches Konzert (SWV 306). Sopran, Basso continuo (zu V.2–5.7)
Heinrich Schütz (1585–1672): Benedicam Dominum. Symphoniae sacrae I. Sopran, Tenor, Bass, Tromp. od. Violine, Basso continuo (zu V.2–4)
Georg Philipp Telemann (1681–1767): Ich will den Herrn loben allezeit. Dreistimmiger Kanon (zu V.2 = EG 335)
»Ich will, solang ich lebe, rühmen den Herren mein« (EG 276). Text: Cornelius Becker. Melodie und Satz: Heinrich Schütz

l) An der Hoffnung festhalten

Zu Psalm 2,1–9:

Thomas Tallis (ca. 1505–1585): Third Psalm Tune. Psalm 2. Vierstimmiger Chor. Wiederholungen und harmonische Reibungen machen dieses Stück eindrücklich.

Georg Friedrich Händel (1685–1759): Der Messias. 2. Teil, Nr.40–43: Arie (Bass), Chor, Rezitativ (Tenor), Arie (Tenor), Chor (zu V.1–4.9)

Felix Mendelssohn-Bartholdy (1809–1847): Worauf ist doch der Heiden Tun gestellt? (Psalm 2 nach Lobwasser), Str.1+6. Vierstimmiger Chor

Zu Psalm 24,7–10:

Wolfgang Carl Briegel (1626–1712): Machet die Tore weit. Vierstimmiger Chor. Tänzerischer 3/2-Rhythmus.

Georg Friedrich Händel (1685–1759): Lift up your heads, aus: Der Messias. 2. Teil, Nr.33, vierstimmiger Chor

Christoph Willibald Gluck (1714–1787): Hoch tut euch auf. Vierstimmiger Chor. Ein feierlich-gemessener Marsch.

»Macht hoch die Tür« (EG 1), Text von Georg Weissel. Melodie: Halle 1704

Zu Psalm 126,1–6:

Melchior Franck (ca. 1580–1639): Die Erlöseten des Herrn werden wiederkommen. Vierstimmiger Chor

Johann Hermann Schein (1586–1630): Die mit Tränen säen. Motette für fünfstimmigen Chor (zu V.5-6)

Johann Sebastian Bach (1685–1750): Unser Mund sei voll Lachens. Kantate (BWV 110). Eingangschor (zu V.2)

Johannes Brahms (1833–1897): Deutsches Requiem, 1. Selig sind. Vierstimmiger Chor, Orchester, Orgel (zu V.5-6)

Günther Raphael (1903–1960): Wenn der Herr die Gefangenen Zions. Motette für vierstimmigen Chor op.56 Nr.1

Kurt Hessenberg (1908–1994): Wenn der Herr die Gefangenen. Der 126. Psalm op.87. Sechsstimmiger Chor

Zu Psalm 46,2–6:

Johann Pachelbel (1653–1706): Gott ist unsere Zuversicht. Motette für zwei vierstimmige Chöre und Basso continuo (zu V.1-8)

Felix Mendelssohn-Bartholdy (1809–1847): Gott, du bist unsere Zuversicht. Psalm 46. Fünfstimmiger Chor (zu V.2f)

Hugo Distler (1908–1942): Gott ist unsere Zuversicht. Motette für Sopran und zweistimmigen Chor (Sopran und Alt) (zu V.2.3a.5a)
Günther Raphael (1903–1960): Gott ist unsere Zuversicht. Psalm mit Antiphon. Sopran, Alt, Männerstimmen (zu V.2–6.11)
»Ein feste Burg ist unser Gott« (EG 362). Text und Melodie: Martin Luther. Zu seiner rhythmisch spannungsvollen Weise, die der späteren Melodiefassung vorzuziehen ist, hat Luther auch einen vierstimmigen Satz komponiert. Felix Mendelssohn verwendet die Melodie des Chorals im Finalsatz seiner 5. Symphonie (»Reformationssymphonie«)

m) Vom Abend zum Morgen

Zu Psalm 4,9:
Max Reger (1873–1916): Ich will in Frieden mich niederlegen. Responsorium für vierstimmigen Chor
»Ich liege, Herr, in deiner Hut« (EG 486). Text von Jochen Klepper, Melodie von Fritz Werner.

Zu Psalm 62,2:
Giovanni Pierluigi Palestrina (1525/26–1594): Deus meus, ad te luce viglio. Offertorium in Dominica II post Pascha. Fünfstimmiger Chor
Max Reger (1873–1916): Meine Seele ist still zu Gott. Psalm 62 op.105,2 (1907). Männerstimme od. Bariton und Orgel (zu V.1.2.9)

Zu Psalm 68,20:
Felix Mendelssohn-Bartholdy (1809–1847): Tag für Tag sei Gott gepriesen. Fünfstimmiger Chor (zu V.20 a. 36 b)
Paul Ernst Ruppel (1913–2006): Gelobt sei der Herr täglich, aus: Singende Gemeinde. Zweistimmiger Kanon

Zu Psalm 139:
Johann Sebastian Bach (1685–1750): Erforsche mich, Gott. Kantate BWV 136. Eingangschor. Vierstimmiger Chor, Instr., Basso continuo (zu V.23)
Ernst Pepping (1901–1981): Herr, du erforschest mich. Der 139. Psalm. Sopran und Alt
Johann Nepomuk David (1895–1977): Herr, du erforschest mich. Vierstimmiger Chor

n) Sehnsucht nach mehr Leben

Zu Psalm 27,4–5:

Heinrich Schütz (1585–1672): Eins erbitte ich vom Herren. Kleine geistliche Konzerte I. Zwei Tenor oder Sopran, Basso continuo (zu V.4)
Georg Friedrich Händel (1685–1759): Nur eins erbitte ich vom Herrn. Geistliches Konzert. Sopran, 2 Altblockflöten, Basso continuo (zu V.4)

Zu Psalm 42:

Giovanni Pierluigi Palestrina (1525–1594): Sicut cervus desiderat. Motectorum … Liber secundus Nr.10, vierstimmiger Chor (zu V.2-4)
Heinrich Schütz (1585–1672): Quem admodum desiderat cervus (SWV 336). Fünfstimmiger Chor (zu V.2.3.5b)
Dietrich Buxtehude: (1637–1707) Quemadmodum desiderat cervus. Tenor, 2 Violinen, Basso continuo (zu V.2f)
André Campra (1660-1744): Quemadmodum desiderat cervus. Motette. Countertenor, Gambe, Basso continuo
Johann Sebastian Bach (1685–1750): Was betrübst du dich, meine Seele, aus: Kantate BWV 21. Vierstimmiger Chor, Instr., Basso continuo (zu V.5)
Samuel Wesley (1766–1837): Like as the hart desireth. Vierstimmiger Chor, Orgel
Felix Mendelssohn-Bartholdy (1809–1847): Wie der Hirsch schreit. Psalm 42 op.42. Sopran, vierstimmiger Chor, Bläser, Streicher
Hugo Distler (1908–1942): Wie der Hirsch schreiet. Motette. Dreistimmiger Chor (zu V.2f)
»Wie der Hirsch lechzt« (EG 278). Text: Dieter Trautwein. Melodie: Volker Ochs